後藤貴浩
Takahiro Goto

サッカーピラミッドの底辺から

少年サッカークラブのリアル

道和書院

はじめに

少年サッカーからプロサッカーへ、地域リーグからＪ１リーグへ、地域トレセンから日本代表へ等々、サッカー界の構造は底辺から頂点へというピラミッドとして語られることが多い。それは競争社会のあり様を端的に表している。一方で、このピラミッド構造は、そこからこぼれ落ちた人びとが〝正統的〟なサッカー競技者には数えられないことも示している。

筆者は、一〇年近く、サッカーピラミッドからこぼれ落ちそうな人びとを追いかけてきた。例えば、東南アジアでプレーする「日本人プロサッカー選手」たちである［後藤 2018a・2019a・2020a］。当初は、ピラミッド構造にどうにか留まろうとする必死な姿や、一旦こぼれ落ちながらも再挑戦する力強い姿をイメージしていた。しかし、調査の過程で、それとは異なる選手たちが数多く存在することに気づかされた。

現地の選手のなかには、「儲からなくてもいいんです。食べていける分だけ稼げて、大好きなサッカーに関わっていければ」と満足そうに語る者もいた。彼らは、「いつかはヨーロッパへ」「いつかはJリーグへ」と簡単には口にしない。東南アジアにおけるプロサッカー選手のサラリーは、国やカテゴリーによってさまざまであるが（月額数万円から数十万円まで大きな幅がある）、決して高くはないサラリーであっても、「サッカーで飯を食う」環境に身を置くことで、「プロサッカー選手」となったことを実感するのである。選手寿命を含めた年齢、家族の状態、居住環境など彼らの置かれた生活条件は常に変化している。自らが置かれた生活条件に応じて「食べていける」というレベルにおいて、「労働としてのサッカー」を成立させせようとするのである。そして、それはサッカーと共にある生活を延長させようとする「生き方としてのサッカー」の実践でもある［後藤 2019b］。

同様のことは、本書が対象とする少年サッカークラブの指導者にもいえる。サッカーピラミッドの底辺で活動する指導者たちは、経済的生活の不安定さと将来展望の不透明さを自覚しながらも、会費という限られた収入源と活動場所（グランド）確保の困難さなどの不安定な条件のなかで、どうにか「サッカーのある生活」を維持している。しかし、彼らが悲観した顔を見せることはない。それよりも子どもたちの成長を喜び、チームの勝ち負けに一喜一憂しながら、充実した生活を送っているように見受けられる。

本書では、そのような少年サッカークラブの指導者の生活と彼らが運営するクラブの現実を描くことを目的としている。第一章では、少年サッカークラブが置かれた状況と学術的な問いについて解説する。続く第二章から、九つの事例をもとに、少年サッカークラブ運営の実態を読み解いていく。それらを踏まえ、最終章では、少年サッカークラブ運営の実践論理と、サッカー指導者として生きるということはどういうことなのか、という問いに迫る。

本論に入る前に、本書の目的と研究の方法について説明しておこう。サッカー界の制度化の進展は著しい。選手登録の厳密化、指導者・審判資格の必須化とランク化、競技実績の高いチーム・クラブへの優遇、ユニフォームなどへの規制、リーグ戦の序列化など、少年サッカークラブの指導者たちはさまざまな構造的圧力のなかで競争原理に準拠した正統性をめぐる戦いに挑んでいる。このとき問題になるのは、その戦いに終わりがないこと、そして、〝食える〟こと（生活）に結びつくとは限らないということである。現在の日本サッカー界を支えてきたのはまさしくピラミッドの底辺で活動する少年サッカークラブの指導者たちである。しかし、残念ながら、その道の途中で挫折していく多くの指導者たちを筆者は目の当たりにしてきた。

松村和則［2020］は、「現代社会におけるスポーツの世界の拡張と強大化は、その中に生きる人びとの愉悦を増大させ、問題を問題として見えなくさせている」と「スポーツ界」の問題点を指摘する。またフレデリック・ロルドン［2012］は、その著『なぜ私たちは、喜んで〝資本主義の奴隷〟になるのか――自由主義社会における欲望と隷属』のなかで、「情念の作用は感情を生産する構造を生産する」と述べる。これに倣えば、サッカーのある生活を全うしようとする少年サッカークラブの指導者の情念は、自らの生活のすべてをサッカーにささげる感情を生産する構造を、生産するといえる。新自由主義的様相を示すサッカー界において、果たして少年サッカークラブの指導者たちは〝資本主義の奴隷〟となっているのであろうか。

結論を先取りすれば、指導者たちは決して搾取されるだけの奴隷ではなく、自らの置かれた生活条件を見極めつつ「サッカーのある生活」を維持しようとしていた。筆者自身、これまで四〇年以上サッカーに関わり続け、多くの仲間や指導者と巡り会ってきた。彼らの多くは、サッカー界で輝かしい「実績」をあげてきたわけでもなく、「右肩上がり」の生活を送ってきたわけではない。なかには、あえて「低い」位置に留まることで、自らが望む「サッカーのある生活」を可能にする者さえいた。そのような少年サッカークラブの指導者として生活する彼らの実践方法と「底力」について理解したいと思う。

本書の目的は、少年サッカークラブの運営実践の現実からその論理を紐解き、少年サッカークラブの指導者として生きることの可能性と限界を知ることにある。新自由主義的な駆動力に拍車がかかるサッカー界にどのような危険性が潜み、それを乗り越える可能性はどこにあるのか、読者(指導者)とともに考えてみたい。

少年サッカークラブのコーチと子どもたち

さて、これまで生活とスポーツに関する研究では、スポーツによる生活拡充やスポーツ実践に必要な生活条件について、一定の理念や理論に基づき分析することが多かった。しかし、そのように「外側」から分析するだけでは、現実の生活のなかにあるスポーツを理解することは難しい。本書では、できる限り実践者（指導者）の立場から、彼らの生活とサッカーの関係について検討することとする。また、多くのスポーツ研究では、「記録」や「数字」に残る、あるいは「成功」した人物や出来事が、対象とされてきた。言い換えれば、ピラミッド構造の頂点に近い、あるいはピラミッド構造の発展に貢献した人物や出来事が、モデルとして取り上げられてきたのである。しかし、一方で、現実のスポーツ界は、ピラミッド構造に収まらない者も含めその他大勢の「普通」の人びと（常民）の実践と感情によって構成されているともいえる。本書では、少年サッカークラブに関わる「普通」の指導者に注目し、その実践と感情を記述することで「少年サッカークラブのリアル」に迫りたいと思う。

このような分析的立場に立つ本書では、生活論的アプローチによって事例検討を行う。生活論について、鳥越皓之［2020］は、日本固有の社会学的分析法であり、「人びとの気持ちから入り、暮らしの論理を考えるという特徴がある。それを現在の科学論でいえば、客観主義ではなく、調査対象者と調査する自身の共同主観を大切にするという考え方になろう」と述べている。また、生活論をスポーツ研究に持ち込んだ松村［2020］は、「現代の『競技スポーツ』を推奨する姿勢から離れて、生活を見据えることで『人びと』の側から考え直す」ことの重要性を説く。松村の「もう一歩、社会学研究が『現場』に近づけないか。もっと『人びと』に信頼を寄せて『実践』することができないか」という主張に倣い、少年サッカークラブに携わる人びとに「近い」ところからその実践の論理を読み解いていきたいと思う。

本書では、具体的な調査として、参与観察及び聞き取り調査を中心としたフィールドワークを行った。調査期間等の詳細については巻末の付記に示しているが、例えば、ソレッソ熊本（第2章）では、発足五年目の二〇〇六年から現在まで、運営状況や指導者の生活についてスタッフへの聞き取り調査を継続し、二〇一四年には一年間、コーチとして週一回の参与観察を行った。若葉SC（第3章）でも、二〇一五年から現在まで週末のコーチとして活動に参加しながら調査を続けてきた。DURO調布（第5章）では、設立前から指導者への聞き取り調査を始め、運営や指導にも参加しながら「アクションリサーチ」的に参与観察を行っている。シンガポールのGFA（第7章）については、二〇一三年から二〇一九年まで毎年現地を訪れ、指導者への聞き取り調査や練習の視察だけでなく、クラブ事業の一つである「フットサル教室」にも参加しながら、参与観察を行ってきた。

最後に、タイトルにある「底辺」という言葉に対し、違和感を持つ読者もいるかもしれない。しかし、読み進めていけば、それが決してネガティブなものではなく、そこには「底辺」から「支えている」という指導者たちの前向きな姿勢があることを感じとってもらえるであろう。サッカーの虜になり、「サッカーのある生活」を維持していく彼らの「底力」に注目してもらいたい。また、「学術書」なのか、一般の人びとを対象とした「読み物」なのかという疑問を持たれるかもしれない。どちらからも中途半端なものとして片づけられるかもしれない。筆者としては、サッカーやスポーツの「現場」で携わる多くの人たちに手に取ってもらいたいという願いを持っており、学術的な知見と同時に本書で明らかにされる「事実」

を、「現場」の人びとと研究者が共有できることを目指している。その意味では、第2章から第7章までの事例から先に読み始めていただいてもよい。「仲間たち」の創造的な実践を通して、自分自身の「現場」を振り返り、これから先の道筋について考えてもらいたい。

目次

サッカーピラミッドの底辺から

［第1章］なぜ、少年サッカークラブについて書くのか

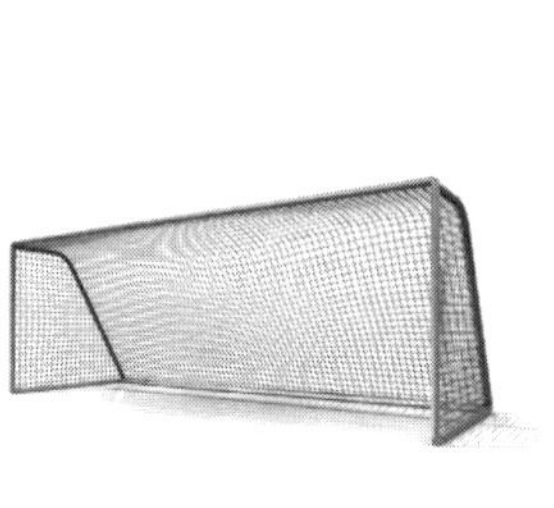

1 ―― 少年サッカークラブを取り巻く構造的圧力

本書の目的は、少年サッカークラブ運営の実践論理を記述することにある。なぜ今、少年サッカークラブに注目するのか、本章ではその理由を示しながら学術的な問いを明らかにしておく。

表1に、公益財団法人日本サッカー協会（以下、ＪＦＡとする）の選手・チーム登録数の推移を示した（女子・シニア・フットサルを除く）。本書で対象とする少年サッカークラブは、一二歳未満（小学校在籍児童を含む）のカテゴリーである四種登録であるが、高校年代の二種、中学年代の三種も含め二〇一八年度に若干減少したものの、選手、チームともに増加傾向にある。全体的に子どもの数が減少する中で、いまだサッカー人気は続いているといえるであろう。国内で公式試合に出場するためには、ＪＦＡ登録のチームに所属

し、チームを通して選手登録を行わなければならない。選手登録には年間登録費(都道府県登録とJFA登録)が必要で、初めて登録した際に「選手登録番号」が付与される。四種の場合、都道府県ごとの登録費とJFA登録費七〇〇円が毎年必要となる。都道府県の登録費は、例えば千葉県では一〇〇〇円、熊本県では四〇〇円とそれぞれ異なる。「選手登録番号」はJFAの公式戦に必要なだけでなく、JFA登録のチームで活動するかぎり変更されることはない。個人IDとして、二重登録の防止や所属(移籍)チームの確認などの「管理」機能を果たしている。

チーム登録数の増加傾向も続いており、特に中学校年代の三種と小学校年代の四種では、二〇一〇年から二〇一八年にかけて選手数は減少しているにもかかわらず、チーム数は増加している。また、JFAのホームページに公開されている指導者ライセンス登録者数(D級~S級)を確認すると[二〇一九年一〇月一七日閲覧]、二〇〇四年に二万六七四三人、二〇一〇年に六万四三八九人、二〇一八年に八万三五八八人となっており、特に少年サッカークラブに関わるD級では二〇〇四年に一万一五〇四人、二〇一〇年に三万三二七二人、二〇一八年に四万七〇八三人と大幅に増加している。このようなチーム数及び指導者の増加によって、クラブ間の生き残りや選手獲得競争がますます激しくなることが予想される。

指導者ライセンスについては、二〇〇五年から四種のチーム登録において義務化されており、二〇一九年度の全日本少年サッカー大会からは有資格者のベンチ入りが必須条件とされ、各都道府県大会でも導入されつつある。指導者ライセンス取得には、D級では二日間の研修に参加し、各都道府県協会が徴

表1　選手・チーム登録数の推移

年度	1種		2種		3種		4種	
	選手	チーム	選手	チーム	選手	チーム	選手	チーム
1980	74,931	3,697	90,241	3,117	50,739	1,718	91,530	2,967
1990	113,786	5,186	139,818	3,976	146,701	4,388	247,674	7,469
2000	180,094	8,144	153,840	4,295	204,223	6,379	233,043	8,129
2010	167,885	6,946	156,893	4,151	238,713	7,142	292,934	8,399
2018	143,918	5,261	174,177	4,052	236,524	7,557	271,023	8,597

［JFAホームページを参照し筆者作成
https://www.jfa.jp/about_jfa/organization/databox/player.html 2019年10月16日閲覧］

第1種：年齢を制限しない選手により構成されるチーム。
　　　Jリーグ・JFL（日本サッカーリーグ）・社会人連盟・大学連盟・高専連盟など

第2種：18歳未満の選手で構成されるチーム（高校在学中含む）。
　　　高体連・クラブユース連盟・その他

第3種：15歳未満の選手で構成されるチーム（中学校在学中含む）。
　　　中体連・クラブユース連盟・その他

第4種：12歳未満の選手で構成されるチーム（小学校在学中含む）。

収する受講料（うち一〇〇〇円はＪＦＡに納付）のほか年間登録費三〇〇〇円が必要とされる。四種の指導者ライセンスの最上位であるＡ級Ｕ-12では一五日間の講習とインターンシップに参加し、受講料一〇万八〇〇〇円のほか交通費・宿泊費・インターンシップ受講料等が必要になり、年間登録料は五〇〇〇円となっている。プロ選手を指導できるＳ級では六六日間の講習と三週間のインターンシップ（うち二週間は海外プログラム）で、受講料三二万四〇〇〇円のほか交通費・宿泊費・インターンシップ受講料等が必要になり、年間登録料が一万円となっている。ライセンス取得後は、「リフレッシュ研修」を受講し、ポイントを獲得しなければ失効することとなる。研修会ではＪＦＡが認定したインストラクターによるレクチャーがあり、ＪＦＡの指導指針等の伝達が図られる。指導者たちにとって定期的な「リフレッシュ研修」は、最前線のサッカー指導情報を取得するだけでなく、さらなる昇級への意欲が高められる場となっている。上級ライセンスの取得はクラブの質を保証し、会員獲得へとつながる可能性がある。

また、ＪＦＡでは、登録選手や指導者に限らず、サッカーファンを含め、サッカーに携わる人々すべてを「サッカーファミリー」と表現し、その拡大を図っている。二〇二二年には「サッカーファミリー」を六四〇万人、「ＦＩＦＡランキング」のトップ10に入ることを目標に掲げている［公益財団法人日本サッカー協会 2015］。常に「右肩上がり」の発展を目指すＪＦＡの方針と、階層化・管理化された制度の中で、指導者たちは激しい競争にさらされている。まさしく現代社会のサッカー界は、新自由主義的状況を呈しているといえるであろう。

――指導者たちの苦闘

松下冽［2019a］は、新自由主義が企業や国際機関だけでなく、教育やマスコミの現場にも浸透してきたと指摘する。氏の問題関心は、「新自由主義に人々がすすんでなぜ飼い馴らされるのか」ということにある。その状況を、「新自由主義独自の諸言説が社会の日常生活の『深層』や『常識』を通じて『ソフトパワー』ともいえる独特な形で『主体の幹や枝』、『毛細血管』に入り込んでくる様相」［松下 2019b］と表現し、私たちは「自発的隷属」が生み出される消費・管理社会を乗り越えることが可能かと問いかけるのである。

「プロ野球選手」という肩書にこだわり続け、アメリカや日本の独立リーグを渡り歩く選手たちを描いた石原豊一[2015]は、彼らを「なんちゃってプロ」や「ノマド・リーガー」と呼ぶ。氏は、「もうひとつのプロ野球」が自分探しを続ける若者たちの夢の延命装置として機能していることを明らかにし、その構造的圧力や現代社会の若者の雇用環境の問題を指摘する。グローバルな経済的発展を遂げ、若者に夢を与え続ける野球界の構造的な問題に目を向けることは重要なことであろう。と同時に、なぜ若者たちはすすんでそこに身を投じるのか、ということを彼らの立場から理解することも重要である。

　上述したように、現在の日本サッカー界の制度化・管理化の進展は著しく、その内部にいる選手や指導者は激しい競争にさらされている。その状況は、一見すると選手や指導者自らが主体的に構造の歯車になろうと、まさしく「自発的隷属」化されているようにも見受けられる。果たしてそうなのであろうか。本書の問題関心はそこにある。

　ロルドン[2012]は、以下のように指摘している。資本主義社会において、「経営者」が「捕獲者」であることは一般的であるが、今日では、金銭的利益とは無関係の目標追求としても現出している。例えば、ＮＧＯの指導者は共に行動する活動家の活動の産物を、大学の特権層は助手たちの活動の産物を、芸術家は協力者の活動の産物をわがものとし取り込むといった現象が起きている。これらの場合の特権者たちは、金銭的利益と無縁であるからといっても、「経営者」でないわけではない。支配的欲望に奉仕するために組み込まれた隷属者の努力を捕獲するという点では、彼らは資本主義社会の一般的な「経営者」の変化形なのである。さらにロルドンは、「恐れよりも喜びによって支配する」ことが最も効果的であり、「主人の欲望を自分自身の欲望と思わせる」こと、つまり、「自分自身の〝自己実現〟のために働いている」と信じ込ませることこそが隷属者を機能させる要諦だという。

本書では、九つの少年サッカークラブとそれを運営する指導者たちを取り上げる。確かに、彼らはサッカーに対する夢を熱心に語りその情熱を示す。一方で、彼らの生活は不安定で将来を見通すことが困難でもある。しかし、彼らが隷属者として一方的に搾取される存在とも見受けられない。では、彼らはどのようにして、現状を受け入れそして乗り越えようとしているのか、事例を通して読み解いていきたい。また、本書に登場する指導者たちの立場は、ボランティアもいれば、サッカー指導で生計を立てる者、サッカー指導と他の仕事の両立で生計を立てる者などさまざまである。もちろん、ここで描かれていることが彼らの人生のすべてではなく、その一部である。少子化が進む現代社会では、子どもたちの組織的スポーツ活動を成立させることは容易ではない。そのような環境において、少年サッカークラブの指導者としての生活をどのように成り立たせているのであろうか。そのことにも注目していきたい。

2　少年サッカークラブと地域社会

本書の分析対象は、指導者と彼らが運営・指導する少年サッカークラブである。前項では、指導者に関わる問いについて言及してきた。ここでは少年サッカークラブの課題、特に地域におけるスポーツクラブとしての課題について述べておきたい。なぜ、地域のスポーツクラブとしてなのか。それは、少年サッカークラブの活動が、会員である子どもたちの生活範囲（地域生活圏）において成立しているからである。つまり、少年サッカークラブは単なるスポーツのクラブであると同時に、当該地域の社会関係の中に埋め込まれた地域組織という側面も併せ持つのである。そこで、地域スポーツクラブとしての少年サッカークラブにはどのような課題があるのか、そのことについて確認しておきたい。

これまでの地域社会とスポーツに関する研究では、「スポーツによる」地域の活性化や生活の充実について論じられることが多かった。一九七〇年代の「コミュニティ・スポーツ論」［厨 1977など］や二〇〇〇年代の「総合型地域スポーツクラブ」に関する研究［作野 2000など］では、スポーツと地域を独立変数（あるいは従属変数）として設定し、両者の関係を「機能論」的に論じてきたのである。しかし一方で、人びとが「スポーツのある生活」をどのように維持し、地域社会とどのような関係性を持つのかという視点に立つ研究は少ない。

また、近年では、「スポーツ公共性論」として地域社会とスポーツの関係を議論する流れがある。そこでの問題関心は、「地域性」ではなく「市民性」にあり、地域スポーツ研究のテーマが「地域社会とスポーツ」から「市民社会とスポーツ」へと変化しつつある。菊［2001·2013］は、「私」的な活動としてのスポーツが、その文化的特性により「共」的な活動として「公共性」を帯びる可能性を評価し、公権力に対する「批判的公共圏」として機能する近代的コミュニケーションの可能性が追求されるべきであると主張する。水上・黒須

［2016］は、世代や地域性、そしてスポーツ競技の特性に左右されることなく、「等価性の連鎖」にもとづいて「公的市民」社会が構成されるべきであるという［後藤 2018b・2020b］。

スポーツの公共性を立証するために、スポーツ実践に絡む人びとのやり取りを理念的に説明したり、あるべき社会論や市民論として展開したりすることは重要なことであろう。しかし、その一方で、我々は現実的課題に向き合いながら、どうにかスポーツ実践を継続（時には中断・中止）する人びとの経験的行為からも学ぶことがあるように思われる。少年サッカークラブは活動を継続していく過程で、どのような地域課題と向き合いながら、それを乗り越えてきたのであろうか。そして、それらの個別具体的な活動を通して、地域の社会関係の中に位置づけられてきたのであろうか。このことが本書の二つ目の問いとなる。

――地域への定着

少年スポーツクラブは、市場の論理に立脚しサービスを提供する私企業的側面を持つ。一方で、クラブは活動の拠点となる地域的固有性から完全に切り離されることはない。筆者は、クラブがこの地域的固有性に関わり続けることで、当該地域の「公」的な役割を担っていくのではないかと考えている。地域における現実的な活動実践は、状況に応じて「公」としても「私」としても捉えられるのであり、スポーツの本質（文化的特性）により必然的に公共性を帯びるのではない。したがって、本書では、スポーツ活動を含めた指導者やクラブの組織的活動が当該地域のどのような社会関係のもとで成立しているかということを一つの分析視点とする。対象とする少年サッカークラブは、単なる私企業的なクラブとして位置づくのか、地域限定的ではあるがその「公」的役割を担う可能性のあるクラブとして位置づくのか、あるいはその両方を戦略的に組み合わせようとしているのか、個々の事例からそのことを読み解いていきたい。

また、スポーツ基本計画（二〇一二年三月制定）において、引退後のアスリートが地域で子どもたちを指導し、さらに指導を受けた子どもたちがアスリートとして活躍し引退後に地域に戻ってくるといった「好循環」が示された。この「好循環」を実現するために、文部科学省では二〇一二年度より「地域スポーツとトップスポーツの好循環推進プロジェクト」が開始された。高等教育機関におけるスポーツ人材養成が活発化し、このような「地域スポーツとトップスポーツの好循環」が求められるなか、スポーツ人材が地域社会とどのような関わりを持ち、定着していくかということは重要な課題となっている。しかし、スポーツ（指導）の場を求めて流動化するスポーツ人材の地域への定着過程に関しては、それほど多くの知見は蓄積されていない。どのような生活条件の中で、彼らは地域に留まり続けるのか、そのことにも注目したいと思う。

次章から各クラブ、指導者の事例について検討するが、その前に、日本の少年サッカークラブの概況について整理しておきたい。本書の読者には、研究者や指導者だけでなく、一般の人たちも含まれている。サッカー界では「当たり前」と思われている制度や慣習について共有し、事例についての理解を深めてもらいたい。

3―少年サッカークラブの現状

――J下部クラブ・企業クラブと「まちクラブ」

まず、本書の研究対象とする少年サッカークラブについて確認しておこう。少年サッカークラブには明確な定義はなく、小学生及び中学生が所属するサッカーチーム(JFAにおける四種・三種登録チーム)の呼称である。この中には、Jリーグの育成組織(あるいは下部団体)と言われる「J下部クラブ」、企業クラブの下部クラブ(横河武蔵野FCやHONDA FCなど)、商業的な(有給の専任指導者を有する)クラブ、地域(主に小学校区)のクラブがある。後者の二つを一般的に「まちクラブ」と呼び、これらが本書の対象とする少年サッカークラブである。中学校ではこれらのクラブに加え、部活動(サッカー部)という選択肢が加わる。小学校では一部の県(熊本県など)を除き部活動がないため、子どもたちのサッカーの場としては、後述するスクールを除くと、概ね先の四つの種類に分けられる。しかし、「J下部クラブ」や「企業クラブ」では、入会のためのセレクションやスカウトが行われるため、ほとんどの子どもは「まちクラブ」で活動することになる。現在では、クラブ間での「移籍」や「引き抜き」が頻繁に行われることもあり、小学生の段階で都道府県をまたいで「強い」クラブに移籍することもある。なお、スポーツ少年団と呼ばれるクラブもあるが、これは公益財団法人日本スポーツ協会にスポーツ少年団として登録されたクラブのことを指す。青少年の健全育成を目的に「自由時間に、地域社会で、スポーツを中心としたグループ活動を行う団体」として登録し活動するもので、その数は年々減少している。

――クラブとスクール

一般的に、少年サッカーにおいては、JFAにチーム登録して活動(公式戦に出場)する団体をクラブといい、個人として参加するサッカー教室のことをスクールと呼ぶ。多くの子どもたちは、クラブに所属しチームとして大会に参加するが、同時に、スクールにも通う子どもや、クラブには所属せずスクールのみで活動する子どももいる。現在、ヨーロッパや南米の有名クラブがアジア戦略として展開するスクールが都市部を中心に増加し、なかにはチームとして協会に登録しクラブ化するところもある。本書でも触れるが、地方ではクラブに所属することが優先され、スクールに通う子どもは少ない。一方で、都市部では複数のスクールに通う子どもや自分にあったスクールを求め転々とする子どももいる。そのため、都市都市部のクラブでは、チームの活動以外にもスクール事業を行うクラブもあり、重要な収入源になっている。

本書の事例では、クラブの立ち上げ時からＪＦＡへの登録の過程について触れている個所がある。基本的に、少年サッカークラブを立ち上げるのに「条件」はない。指導者が子どもたちを集めて活動を開始することでクラブとなる。しかし、「公式」に少年サッカークラブとして認められるためには、ＪＦＡへのチーム登録が必要であり、それによって「公式戦」への出場が可能となる（ＪＦＡ登録をせず、市町村の少年サッカー連盟等への登録のみで地域内の大会に出場する場合もある）。ＪＦＡの登録は、指導者資格や帯同審判員登録などの一定の条件をクリアすれば基本的には可能となる。しかし、地域によっては、活動地区（市町村やブロック）の少年サッカー連盟等の「了承」が得られなければ、クラブとしての活動（大会への出場）ができないこともある。この活動地区における「了承」は制度化されたものではなく、慣習として行われていることが多い。その趣旨は、活動の継続性、競合するクラブへの配慮、子どもへの教育的配慮などを担保することにある。本書の第5章でも、登録時の連盟の役員による面談の様子を記述しているが、クラブ設立の目的、活動場所の確保、指導者の数などさまざまな事項が確認される。

――クラブが直面する課題

最後に、少年サッカークラブの運営に関する課題について触れておこう。最も大きな課題は、グランド（練習場所）の確保である。子どもたちのスポーツ環境が学校体育施設に大きく依存する日本では、資本力のない少年サッカークラブが恒常的に使用できる施設を確保することは困難である。多くのクラブは、学校体育施設を中心に公共スポーツ施設を利用している。学校体育施設の場合、長年活動してきたクラブに既得権があったり、学校開放委員会等に加盟する必要があったりするなど、新規参入が難しいところも多い。本書の事例でも示しているように、公共スポーツ施設の場合、受付順や抽選のところがほとんどであるため、競争が激しく、既存のクラブ間で「調整」を図っているところもある。クラブ経営の安定化にはグランド確保は必須の条件となっており、各クラブでは大学や高校などと連携するなどさまざまな工夫を行っているが、なかには、空き地や公園を転々としたり、たびたび練習会場を変更したりするクラブもある。さらに、指導者の収入にも大きな課題がある。このことについては、本書の事例を通してその実態に触れることになるが、会費を主な収入源とする少年サッカークラブでは、単価の地域格差、指導可能な人数の限界、アルバイトやグランド代などの必要経費の捻出などの問題があり、経済的不安を抱える指導者も多い。そのため、現在の少年サッカークラブには、サッカーの指導のみで生計を立てる者、他のアルバイトとの兼務で生計を立てる者、運営母体組織（会社）の社員としてサッカー指導を業務とする者、ボランティアで携わる者など、さまざまな立場の指導者が混在している。

［第2章］少年サッカー界の〝ビッグクラブ〟を目指して

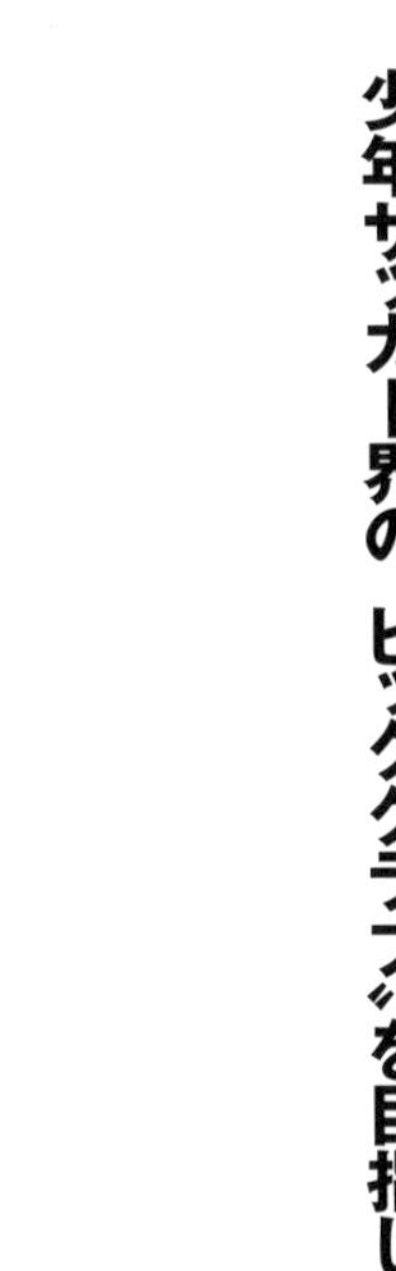

1―ソレッソ熊本SCと広川靖二氏

ソレッソ熊本サッカークラブ（以下、ソレッソとする）は、クラブ代表の広川靖二氏（四二歳）がボランティアで近所の子どもたち八人に公園でサッカーを教えたことから始まった。それは、二〇〇二年、広川氏が大学在籍五年目のことであった。それから二〇年弱が過ぎ、二〇一九年の会員数は、幼児二四名、キッズ（小学校一年～三年）七三名、ジュニア（小学校四年～六年）八九名、ジュニアユース（中学生）八〇名の計二五六名となり、熊本市でも人気の少年サッカークラブとなった。

ソレッソはどのようにして会員数を増やし、戦績をあげてきたのであろうか。その活動の歴史を振り返ってみよう。ソレッソの歴史は、広川氏がクラブの基礎を築き上げた「創成期」（二〇〇二年～二〇〇八年）、

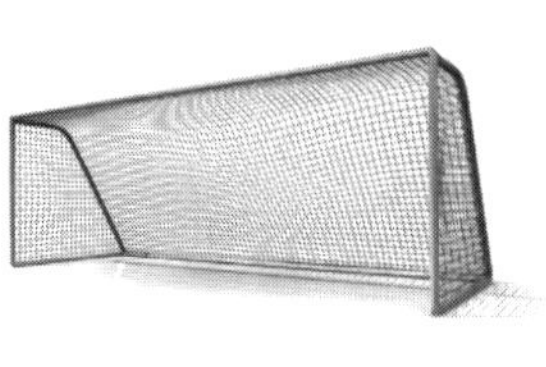

NPO法人の経営傘下に入り順調に会員を増やし戦績を残した「成長期」(二〇〇八年〜二〇一二年)、会員数(二六〇名前後)が安定し全国的な戦績(全国大会二位・三位)を残すようになった「成熟期」(二〇一三年〜)に区分することができる。

――始まり

広川氏は大学四年生(二〇〇一年)のとき、母校の熊本学園大学付属高校サッカー部(全国高校サッカー選手権大会でベスト8に進出したこともある熊本県内の強豪校)でコーチをすることになり、サッカー指導に取り組み始めた。在学五年目の九月に大学の先輩の子どもたち八名(幼稚園児)を二か月後に開催される大会に向けて指導してほしいとの依頼を受け指導することになった。指導を受ける子どもの祖父が自治会の会長をしていた関係もあって地域の公園を使用することができ、指導料は取らずにボランティアで指導を始めた。子どもたちへの指導は一一月の大会で終了する予定であったが、さらに幼稚園の卒園大会まで続けてほしいとの依頼があり、三月まで続けることとした。その際、保護者からの申し出があり、月会費として二〇〇〇円を徴収することとした。父親の事業の手伝い(アルバイト)をしながら、月曜日に幼稚園児、その他の曜日は高校生の指導を行っていた。活動を続けていくうちに、親同士の口コミもあり、幼稚園児の数も八名から二〇名へと増加した。兄弟で参加したり、友達同士で誘い合わせてくるようになり、参加者は年中・年少へと年齢的に、また地域的にも広がっていった。三月の時点では二五名となり、広川氏の弟である龍介氏（当時、大学生）もコーチとして手伝うようになっていた。

子どもたちへの指導は、もともと二〇〇三年三月の卒園大会で終了する予定であった。しかし、当時、熊本の少年サッカークラブの多くは、小学校四年生からＪＦＡへ選手登録し公式戦へ出場しており、三年生までの「キッズ」については、ＪＦＡの登録を必要としない地域ごとの大会に出場することが多かった。熊本県では、「熊本県キッズサッカー協議会」が主催する大会が年間二〇回ほど開催されていた。そこで広川氏は、そのままチームとしての活動を続け、地域の大会に出場することとした。

大学を卒業後は、いったん民間会社（レジャーボート販売会社）に就職したが、サッカー指導に専念したいという理由で、三か月余りで退職した。会社からはサッカー指導に携わることへの配慮もあったが、「自分のやりたいことはサッカーの指導者だと感じてやめた」という。退職後は、子どもと高校生のサッカー指導に専念できるようになったが、月々の指導料は三〜四万円程度で、父親の事業を手伝いながら生活費を賄っていた。

そして、チームとしての活動を継続することを決めた際には、先に公園の使用を認めてくれた自治会長から、近隣の学校建設予定地が空き地になっているので利用してはどうかという提案があった。土地の半分は貯水池、半分は地域への開放のための運動場（荒地）であった。それを広川氏一人で、草刈り機や重機を持ち込みグランドとして利用できるように整備し、創成期の活動拠点を作り上げたのであった。

――「ソレッソ熊本サッカークラブ」の誕生

二〇〇三年四月からチームの活動をスタートするにあたり、チーム名をそれまでの「パワーモンキーズ」から「ソレッソ熊本サッカークラブ」に変更した。会員も年中から小学校三年生までに拡大し、会費は、一か月三〇〇〇円とした。当時は、会費を月謝袋で徴収し、学生コーチへのアルバイト代は当日に現金で手渡していた。二〇〇四年度には新四年生が三名在籍することになったため、JFAへチーム登録を行う予定であった。しかし、子どもたちの足並みがそろわなかったことと、熊本学園大学付属高校サッカー部のコーチとしての活動との両立が困難であったため、チーム登録は翌年に延期した。そして、少年サッカークラブとしての活動に芽が出始めたこの年の四月に広川氏は結婚し、同年に長男を授かった。当時を振り返り、子どもたちの会費収入も増え始め、父親の仕事の手伝いもあったため特に心配はなかったという。

二〇〇五年四月のJFAへのチーム登録時の人数は、幼稚園の時から指導した三年生（ソレッソの初代にあたる）が二五名、四年九名、五年五名、六年一名の計四〇名であった。チームとしての活動を行うに当たり、保護者から熊本学園大学付属高校サッカー部の指導との両立について疑問の声が上がったため、少年サッカーの指導を優先し、高校サッカー部の指導は可能な範囲で関わることとした（二〇一一年には完全に退いた）。また、チームとしての始動に合わせ、会費の銀行引落やバスでの送迎も開始した。バスは、熊本学園大学付属高校サッカー部から借用したマイクロバス（無償）と中古で購入した五〇人乗りの大型バスを使用し、送迎代を徴収することとした。さらに、現在の運営母体となっているＮＰＯ法人の前身となるＮＰＯ法人の一事業部門として活動（独立採算）することとし、広川氏はＮＰＯ法人の社員となった。この年の一〇月には弟の龍介氏も仕事を辞め、コーチ（当時の身分はアルバイト）として関わるようになった。

高校サッカー部のグランドで練習する子どもたち

――さらなる成長と、ある事件

二〇〇六年四月に初代が四年生となり、さらに他地域のクラブで活動していた同学年の強力メンバーが加わり、徐々に大会でも成績を残すようになった。練習会場も、熊本学園大学付属高校サッカー部のグランド（ナイター設備付）を無償で借りることになり、当初から使用していた学校建設予定地と合わせて二か所での活動が可能となった。高校サッカー部のグランドの所在地は少年サッカーの盛んな地域で、特にキッズ年代のチームが数多くあったことから、有望な子どもたちが入会してくるようになった。そして、現在ソレッソを運営しているＮＰＯ法人（二〇〇六年一一月設立）の立ち上げに広川氏も加わり、弟の龍介氏のほか、公立高校で非常勤講師をしていたＭ氏、熊本学園大学付属高校サッカー部で広川氏の指導を受けたＹ氏も、専任コーチ（全員ＮＰＯ法人社員）として加わった。翌二〇〇七年には、初代である五年生が中心のチームであったが、県大会でベスト8にまで駒を進めることができた（六年生の一人はのちにJリーガーとなった）。

公園で指導を始めた初代の子どもたちが六年生となった二〇〇八年以後は、会員数も戦績も上昇し「成長期」へと入った。しかし、二〇〇八年の終盤にある問題に直面した。ソレッソでは学年ごとの会員数も多くなってきたことから、各学年で二チームを登録し、大会に出場していた。六年生のチーム分けでは、いわゆるAチームには能力の高い五年生も登録されていたが、年度末に開催された大会で、それまでBチームに登録していた六年生をAチームにいれて出場させることとした。現在の規定では、同じクラブの選手であれば大会ごとに出場チーム登録ができるが、当時は同じクラブであっても別チームとして登録しているので、正式な「移籍」手続きが必要だったのである。このことが「不正」であるとして、他のチーム関係者から県のサッカー協会へ指摘があった。県サッカー協会は、ソレッソの広川氏と龍介氏が「不正」を働いたとして、当該大会中のベンチ入り禁止とその後「一定期間、サッカーに関わることを禁ずる」という処分を下した。県サッカー協会は、「通知」であるとして異議申し立ては一切認めず、サッカーの指導だけでなく、プレイヤーとして活動することも禁止した。結果的に広川氏は五か月間、龍介氏は二か月間サッカー指導から離れることになったが、その間は、他のコーチが指導に当たり、また保護者や他クラブの指導者たちの支えもあり、大きな支障もなくクラブを運営することができた。

――強豪クラブに成長

二〇〇九年、初代の子どもたちが中学校に上がるのに合わせて、ジュニアユース部門を立ち上げることとした。県大会で初タイトルをとることもでき「強豪」クラブの仲間入りを果たした。二〇一〇年には全国大会でベスト8に進出し、翌二〇一一年には、モデル地区トレセンのスタッフとして県サッカー協会の仕事にも携わるようになった。トレセン制度は「日本サッカーの強化、発展のため、将来日本代表選手となる優秀な素材を発掘し、良い環境、良い指導を与えること」（JFA）を目的に始まった制度である。この制度をより発展させるためのモデル的な取り組みを実施することになり、ソレッソが安定して使用できるグランドを確保していたことから、広川氏がその事務局を担うこととなった。

全国大会でもベスト8に入るなど順調に「強豪」クラブの道を歩み始めたが、二〇一二年にクラブ立ち上げ時から使用していた学校建設予定地が使用できなくなった。高校サッカー部のグランドは継続して使用することができたが、新たに二か所の公共スポーツ施設を借りて活動することとなった。約一〇年間使用した学校建設予定地は、もともと貯水池であったため水はけが悪いなど悪条件ではあったが、重機を持ち込むなどして広川氏が自らの手で整備し、ソレッソの活動だけでなく、次第に地域の人たちがグランドゴルフ等で使用するまで

学校建設予定地と送迎用バス

になっていた。自家用車のヘッドライトで練習するなどソレッソの立ち上げ時から使用してきた思い入れのある拠点施設であった。

二〇一三年にはJA全農杯全国小学生選抜サッカー大会（通称：「チビリンピック」）準優勝、全日本少年サッカー大会ベスト4という輝かしい実績を残し「成熟期」に入った。二〇一六年にも「チビリンピック」でベスト4に入り、この年は県内及び九州の大会すべてで優勝するという偉業を成し遂げた。二〇一八年には、ふたたび全日本少年サッカー大会でベスト4入りし、県内・九州内ではトップレベルの競技力をもつクラブとなった。現在では、Jリーガーを三名輩出し、世代別日本代表も一〇名を数えるようになった。

2　運営の方法

ソレッソでは、「日本一のサッカークラブの実現」を目指し、「サッカーを通して、子どもたちの『笑顔』をつくり、強くたくましい人材を育成する」というミッションを掲げ、以下の三つのコンセプトのもと活動している。

——①わたしたちは、子どもたちがサッカーを通して、笑顔になれる活動をする。
②わたしたちは、サッカーを通して子どもたちが人として成長できる活動をする。

③わたしたちは、全国の街クラブのモデルとなり日本中にサッカーのすばらしさを発信する活動をする。

ソレッソの活動では「笑顔」「人としての成長」「全国区」がキーワードとなっており、日々の活動では、「競争」を楽しむことやメンタリティの強化、挨拶や用具の管理などが重視されている。さらに、週末には九州管内で、長期休みには関東・関西まで出向き強化試合に挑んでいる。一般的に多くの少年サッカークラブでは、クラブ特有の「サッカースタイル」を掲げるところが多い。しかし、ソレッソには独自の「サッカースタイル」というものがない。あるのは「活動のスタイル」であろう。それは、広川氏が数名の子どもたちを公園で指導するところから始まり、さまざまな経験を通して確立した「活動のスタイル」である。広川氏にサッカー指導について聞いてみたところ「練習メニューは考えるが教えようとはしない。とりあえず一生懸命やらせるしかないと思っている」と語っていた。

――具体的活動

では、もう少し具体的に活動の中身についてみていこう。キッズ及びジュニアの活動は、三会場に分かれており、熊本学園大学付属高校会場で火曜日、隣町の公共施設で水曜日・金曜日、熊本市内の公共施設で木曜日、各九〇分活動している。子どもたちは、参加する曜日を事前に指定し、四年生以上は最低週二回の練習と週末の二日（試合が入ることが多い）、三年生以下は週一回～三回（多くの子どもは週二回）のスケジュールで活動する。曜日・会場により参加するメンバーが異なるので、チームとしての活動は週末のみとなる。現在、会費は、三年生以下は週一回四二四〇円、週二回六四〇〇円、週三回八五六〇円、四年生以上は週二回と土日で八五六〇円、週三回と土日で一万八二〇円となっている。天候により練習が中止になったり、怪我などで練習を休んだりする場合でも、振替での練習参加は認めていない。また、練習会場で出席を取ることもない。曜日によっては、キッズとジュニアで二〇〇名ぐらいが同時に練習していることもある。

近年の少年サッカークラブでは送迎を行うことも珍しくないが、ソレッソは協会登録した二〇〇五年から送迎を行ってきた。バスチケット（一五回四〇〇〇円）を購入してもらい、バスを利用するたびにチケットで支払う方法をとっている。ただし、送迎代による利益はほとんど出ていない。バスの購入費用や維持費用、燃料代を含めると黒字になることはないという。送迎用として、マイクロバス二台、五〇人乗り大型バス一台、一〇人乗りワゴン一台の計四台を使用しているが、複数台用意することで、いくつかのルートを確保することができ会員獲得に効果がある。クラブとしての活動を開始した学校予定地のある地域は当初からバスのルートに入っているため、練習会場が変わってもその地域からの入会者は継続している。新たにバスルートを作ることで新規会員の獲得の可能性は高まるが、既存会員との関係を踏まえると、ルートの大きな変更はできない。ソレッソの中心的な練習会場は熊本市の東部地区にあるが、

子どもたちの居住地域はバスルートに沿って広範囲に及ぶ。しかし、長年同じルートを使用しているため、同じ地域の「知り合い」などが入会することが多く、一定程度の「地域性」も存在している。

指導スタッフは、専任スタッフ六名と学生アルバイト四名となっている(二〇一九年当時)。専任スタッフのうち、広川氏と龍介氏はクラブの運営と指導のみの業務にあたり、他の四名はNPO法人が指定管理者として運営する公共施設職員としての仕事を兼務している。平日はおおむね一四時に管理する施設を退所し、土日や長期休業中にはサッカー指導を優先している。専任スタッフは、二〇〇八年までの「創成期」は一～三名、二〇一二年までの「成長期」四～五名、二〇一三年以降の「成熟期」は六～八名となっている。学生アルバイトは、二〇一五年までは八～一〇名を雇用していたが、二〇一八年以降は三～五名となっている。広川氏によると近年は学生アルバイトを探すのが難しく、ある程度固定した学生を雇用するようになっているということであった。これまでアルバイトから専任スタッフとしてNPOの職員となったコーチが五名おり、一方、退職した専任スタッフが五名いる。専任スタッフは四年生以上の担当学年に割り振られ一年を通じて指導にあたり、学生アルバイトは三年生以下を担当する。アルバイト代は一回一五〇〇円(時給一〇〇〇円換算)で、週末は終日指導に当たることが多いので日給四〇〇〇円となっている。

熊本市の公共施設で低学年を指導するOBの学生コーチ

――グランドの確保とこれからの課題

多くの少年サッカークラブが抱える問題としてグランドの確保がある。ソレッソの場合、前述したように三か所のグランドを使用しているが、そのうち一か所は無償で借りている高校グランドであることから比較的恵まれているといえる。熊本学園大学付属高校グランドはサッカーコート二面分の広さがあり、ナイター設備もある。週末に利用する場合、高校サッカー部の許可が必要であるが、平日は自由に使用することができる。熊本学園大学付属高校サッカー部がグランドを提供する背景には、広川氏がOBであり、また元コーチでもあるということもあるが、高校サッカー部の立場からすれば優秀な選手（中学生）を獲得できる可能性が高まるという利点もある。

他の二か所の会場はいずれも公共施設である。県立のスポーツ施設である熊本市の会場（人工芝）は使用前月の一五日に抽選が行われるが、ソレッソでは卒業生や保護者の協力を得て、一五〇票分の応募資格を持つ。概ね、固定して使用できる状況にあるが、それについて広川氏は次のように語っている。

外れることもあるが、既得権みたいなものがある。サッカー関係者はソレッソが使用している時間帯には応募してこない。逆に他クラブの曜日時間には入れない。時々他団体が入ることもあるが、クラブチームが日常的に使っていることが優先される。木曜日はソレッソ、月曜日は○○クラブというようにお互いに侵さないようにして、他団体も入ってこない。

隣町の公共施設（人工芝）は、使用前月の一四日の午前零時に受付（Ｗｅｂ）が開始され、先着順で決定する。ソレッソでは、専任スタッフ四人で同時に申し込むようにしている。深夜なので他団体やクラブが入ることはほぼないが、同じ時間帯を使用したい県立高校サッカー部とは事前調整を行っている。ミスがあったり、寝過ごしたりすることもあるので、他のスタッフの分までチェックするようにしている。

さて、広川氏は、これからの少年サッカークラブの運営について、他の仕事をして生計を立てているボランティアスタッフを獲得することが重要になると語っている。若い指導者が専任コーチとして始めても会費収入だけでは月四〜五万円程度の収入にしかならないという。また、他のアルバイトなどと掛け持ちで取り組んでも、コーチの指導料とその仕事量がかみ合わず長く続けることは難しい。その理由は、サッカー指導に対する単価が低額であり、仮に会員数を増やしても指導の上限人数を超えると指導そのものの質が低下するからである。

ソレッソでは、このような経営的な課題を乗り越えるために、専任スタッフにＮＰＯ法人が管理する公共施設での業務を兼務させるほか、県外にフランチャイズのクラブをつくり、アドバイザー料の収入を得ている。また、スポーツ用品メーカーに対する営業面での協力関係を結び、物品等の優遇を受けるなどの工夫を凝らしている。

3 ― 実践の論理

［1］競争主義──勝利優先ではなく競う楽しさを

広川氏は、「俺の周りには『勝たせたい』と強く思っている指導者ばかり。弱いチームの指導者ほど『勝つばかりではね』というようなことを言う。それは勝たせたいけど、勝たせてあげられないだけだろうと思う。自分のサッカー観を押し付けて、勝つことは大事じゃないとかいう指導者が多い。それは大きな間違い」と自分の信念を語る。

また、次のようなエピソードを語っていた。県のサッカー協会の四種委員会で、ある大会のチーム参加費八〇〇〇円について、大会参加申し込みの時点で四〇〇〇円支払い、一回戦を勝った場合に残金の四〇〇〇円を支払うという案について議論されたことがあった。同じ大会で一度しか試合のできないチームの参加費を減額しようとする試みであった。それに対して広川氏は強く反対し「それだったら出ないならいいと思う」と主張したのである。

広川氏のこのような主張を支える論理はどのようなものであろうか。一見、何が何でも勝ちにいくという「勝利至上主義」や勝った者が絶対であるといった「強者の論理」と捉えられるであろう。しかし、そうではなく、どちらかというと「勝つこと」ではなく「競うこと」に重心を置いた「競争主義」といえるものではないであろうか。広川氏は、二〇一九年度の六年生について次のように語っている。

口でサッカーが好きといいながら、決して本気で好きという気がしない子もいる。今年はそれが多くて三分の二はそんな感じ。いつもの学年は、三年から四年に上がるときにチームを代わったり、他の種目に行ったりして、淘汰されて本当にやりたい子が大勢を占めるが、今年の六年は全員残って、やる気がない子が多くを占めてしまった。

クラブの経営上は、子どもの数を制限し（やる気のある子どもを選抜し）、「半分の人数になって月謝を倍にしたほうがもっといいと思う」と広川氏自身も語っている。しかし、実際にはそうしなかったのである。また、「やる気」のない三分の二の子どもたちを大きく区別して指導することもない。広川氏は「グランドで極端に区別することはない。ある時期にはチームを分けて指導することもあるが、一年を通して全員平等に指導する。試合も基本的には全員が同じ時間出場できるようにしている。保護者には同じように試合には出場させるけど、対戦相手のレベルは求めないでほしいと伝えている」という。広川氏にとって「やる気がない」というのは、競争に積極的に加わらないことなのである。その「やる気」を起こさせるために、広川氏はさまざまな「競争」の場を用意するのである。

広川氏自身は「勝つこと」の重要性を口にするが、結果としての勝利を何よりも優先しているのではない。多くのクラブでは、「いつかはJリーガー」や「世界にはばたく」などの「夢」を掲げ、指導者のサッカー観やJFAの指導指針を教え込もうとする。そのようなクラブや指導者を広川氏は「間違っている」と批判するのである。広川氏はそのような「夢」を見させない。スポーツにおける結果や勝利は、素質や運に左右されることを冷静に受け止め、子どもたちには「競争」の楽しさを経験させようとするのである。少年サッカークラブの指導・運営で最も重要なこととして、広川氏は「子どものモチベーションを維持させること」と語っていた。そのために、スポーツの本質の一つである「競うことの楽しさ」を重視しているのである。

ソレッソについて「うちが誇れるのは、コーチたちがソレッソ以外では指導したくないということ。俺自身に俺のサッカーがない。ソレッソのサッカーというのはない。コーチたちがそれぞれに好きなサッカーを指導している」と語るように、統一したサッカースタイルは存在していない。そして、ソレッソが活動する地域は県内でも強豪クラブが集まる激戦区であるが、それについても「逆にだからこそ頑張れてやれている。だから強いチームを作れる」と語るように、独自のサッカースタイルではなく「競争主義的活動スタイル」がソレッソの練習やクラブの運営を支えているのである。

試合前に子どもたちに話しかける広川氏

スポーツの世界で競争の結果が評価されるにはそれが公式であることが重要となる。サッカーでいうならば、JFAという体制側が規定し、正統化された制度の中で結果を出すことである。実際に、ソレッソはジュニア世代の最高峰の大会「全日本少年サッカー大会」や地元サッカー協会と新聞社が主催する県内ナンバーワンを決定する大会で実績をあげ、そのブランド力を高めてきた。

しかし、ソレッソの活動はそのような既存の体制の中に留まらない。例えば、スポーツ用品メーカーが主催する強豪クラブを集めた大会を運営したり、九州の優秀な子どもたちを集めて独自にヨーロッパ遠征などを行ったりしている。特に、近年、力を入れているのが、九州内のチームに声をかけて開催する自主的なリーグ戦である。広川氏と個人的につながりのある指導者仲間のチームを集め、ソレッソが大会事務局を担い、大会要項作成、組み合わせ、会場確保、当日運営などの業務を行っている。これらの活動は、JFAや地元のサッカー協会とは無関係の活動である。

そもそも広川氏は、JFAや地元のサッカー協会の活動にそれほど関心を払っていない。登録費や大会参加費の収支報告にも「無頓着」であるという。JFAの指導者ライセンスも最低限のD級しか保持しておらず、ジュニアで専任コーチを務める他の二人も研修会に参加せずライセンスを失効した状態にあるという。その状況を次のように語っている。

[2] 現場主義──子どもたちに必要なものを

俺がおそらく全国で唯一D級でトレセンスタッフになっている。ナショナルトレセンのスタッフからすれば面倒くさい人間と思われている。ほとんど学ぶ気ないのに、それでも毎回トレセン大会に来ているので。

しかし、トレセン活動というサッカー協会が推し進める「正統」な事業にまったく非協力的であるということではない。現に地域のトレセン活動ではソレッソが事務局を担当するなど積極的に関わる部分もある。しかし、「JFAの方針を普及するのが指導者の役割だと考えるのは、協会の研修会でお勉強した人たち。現場でずっとやっている指導者はそうは考えない」というように、「現場」でものを考える重要性を説くのである。指導者ライセンスやトレセン活動、大会運営について体制側から降りてくる事柄を、現場の感覚で捉え直し取捨選択していくのである。体制に迎合するでもなく、また対立するでもなく、子どもたちがサッカーを楽しむためには何が必要なのかということを現場で模索しながら活動しているといえるであろう。

広川氏は、二〇二〇年現在、「ソレッソ」ブランドを武器に、鹿児島県、宮崎県にも進出している。

最後に、広川氏が発するブログから、ソレッソの実践論理である「競争主義的活動スタイル」「現場主義」を象徴する広川氏のコメントを紹介しておこう〔『せいじのブログ』https://www.sorriso-kumamoto.com/category/coach/seiji/より〕。

試合は四学年でそれぞれ課題を感じた。試合に勝った負けたも大事なんだが、練習試合は確認の場。どんな事を考えながらやってるかな？　指摘したことを意識してやってるかな？　ソレッソが目指すべきサッカーイメージ理解してるかな？　これを観察している。

頑張るなんて当たり前の事さえ怪しかった子達だったが、そこは以前より大半の選手は改善されたかな……まだ、全員ではないが。

指導者は出来ないことを怒るのではなく、出来るようになるよう導くのが役割だと思っている。その為に時には厳しくハッパかけたりも必要だしね。まだ、宮崎の子達にはドカーーンって撃ち落としてないから。是非、そうしないでいいように頑張ってくれ、笑

自分でいうのもなんだが、多分、俺って変わってんだろうな……

のんびり風潮の宮崎サッカー界に受け入れられるか不安だったが、なんか上手い事、俺に興味持ってくれてる若手指導者が多いみたいで、、逆に「なんだあいつは、けしからん」の方々もおられるかもしれないが、九州の少年サッカー発展の為に俺は頑張るって決めてるから……生意気だったらすいませんって感じ。

その為に、若い指導者たちが活躍しないといけないし、伸びないといけない。何も隠さずすべて教えるし、やりやすいように協力してやるつもりだ。その指導者に熱があればね。子ども達に尊敬されるような立ち振る舞いと言葉のチョイスを学んでくれ。

〔二〇二〇・五・二五〕

はい、鬼宣言したので、鬼頑張ってます。勝った負けたより大切な事がある。心構えや取り組み方。好きでやってるサッカーなめんなよって感じ。

ここでもちょいちょい書いてるが、日本一を目指し頑張る。九州少年サッカーの発展の為に頑張る。その中で、縁あって宮崎と鹿児島でチーム活動をスタートさせている。また、縁あって両県共に同じ志を持った仲間がいた。その仲間は想いがあってもイメージだけでなかなか動かない、いや、動けないが正解かな、って事で、宮崎、鹿児島の南九州の少年サッカーを盛り上げようかなと!!

協会や連盟の方々と思いは同じのはず、やり方は違うかもしれない。高みを目指すクラブの連中ばかりなんでね。でも、協会や連盟の方々と協力し意見交換しながら両県のサッカー発展の為の起爆剤になればいい。

みんなくすぶってたから、ちょっとあおったらすぐ乗っかったな。子ども達の為に、両県のサッカー発展の為にも底辺から盛り上げないと。そして、俺はどこかでサッカー指導者の社会的地位を確立させたい思いもある。少子化の流れは考え方次第ではチャンス。一家庭で一人の子どもに費やせる時間とお金が上がるって事。両県のサッカーが魅力的であれば他の競技に負けない。今までの経験と実績、人脈すべて注いで盛り上げます。とりあえず、また、広川やってるなって思ってください!

巻き込む能力高いんです笑笑　プロジェクト名はブリリアント。高みを目指す選手、各チームのエース選手、たくさんのお申し込みお待ちしております。

〔二〇二〇・六・二〕

自チームでいっぱいいっぱいの指導者はそれだけやっとけばいい。自チームをおろそかにする可能性がある指導者もまだ能力が備わってない。自チームが勝ちたいのはどこも同じで、それよりも各県のサッカーレベルが上がり、全国大会で躍進する同県チームを応援できるくらいの余裕が必要だ。

チーム力を上げるためには個の力が必要。正しく数えていないが、熊本県大会で言えば、小学・中学、前やっていたフットサルとかまで合わせると、一五年ほどで五〇回ほど県チャンピオンになっている。全国大会も一五回ほど、九州大会には三〇回ほど出てると思う。戦績からいえばソレッソ立派でしょ、笑笑

だからこそなんよ。勝つ喜びを知ってるからこそ、後進の指導者へも伝えてあげたい。簡単に譲る気はないが、こうやればこうなるよって感じで教えてあげたい。普段、色んな事情で通えない子達も週末の夜だったら通えるかもしれない。自分さえよければ、ソレッソさえよければの発想は持ち合わせてない、意外といい人なのです笑

ソレッソはその上を行く取り組みをやって他の追随から逃げる。すると、九州少年サッカーは盛り上がる　九州から日本一を出したい。それどころか、全国のベスト8を九州で独占するみたいなのって最高じゃない？　その日を楽しみに頑張りたいね。　〔二〇二〇・六・二〕

［第3章］日本サッカーを支える「まちクラブ」

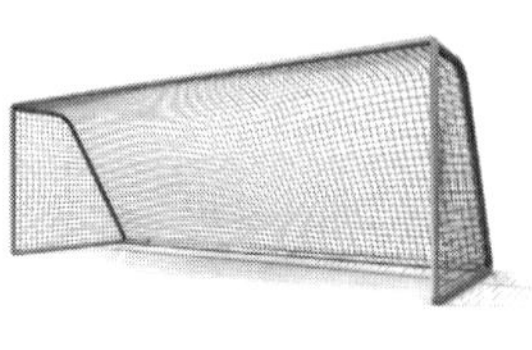

1　若葉サッカークラブの日常

本章で取り上げるのは、東京都調布市にある小学校の子どもたちで構成される「若葉サッカークラブ」（以下、若葉ＳＣとする）である。学校区は、世田谷区（成城、祖師谷）に隣接しており、閑静な住宅街となっている。まずは、若葉ＳＣの日常的な練習風景を確認してみよう。

朝八時前、数名の子どもたちが駆け込むように校門をくぐっていった。すでに、一年生から三年生までの六〇名近い子どもたちが校庭の隅に集まっている。グランドでは、若葉ＳＣと同じ学校開放利用団体のソフトボールクラブがグランド整備を始めるため、倉庫から〝トンボ〟を取り出しているところであった。倉庫は、学校開放利用団体であるソフトボール、少年野球、学童、それに若葉ＳＣの用具でいっぱいである。若葉SCはこの倉庫を部室と呼び、そこにはボール、コーン、ミニゴール、ユニフォーム、キーパーグローブ、救急用具、試合備品、祭りの用具、ブルーシートなど、活動に必要なありとあらゆるものが収納されている。

その部室から、クラブが用意したボールを、一、二年生の子どもたちが我さきにと持ち出していく。お父さんコーチの一人が、カラーコーンを取り出しに来て、「ソフトボールの邪魔にならないように」と強い口調で注意していた。二〇一九年当時、クラブの練習会場である若葉小学校の周囲では、マンション建設や宅地造成が急激に進み子どもの数が増加、新入生のクラス数も二〇一七年三クラス、二〇一八年四クラス、二〇二〇年には五クラスとなった。それに合わせ若葉SCのクラブ員数も増え、二〇一九年は、一年生二八名、二年生三〇名、三年生三一名、四年生一四名、五年生一八名、六年生一一名となっている。

八時を少し回ると、四〇年以上若葉SCの指導に携わってきた荒井氏（七一歳）が、「それっ、並んで走れー！」と大声で指示を出す。三年生のキャプテンを先頭に、二年生、一年生の順に並んでグランドを三周する。遅れてきた子どもも列に加わり、長い列をなしながら競争のようにランニングを行う。この間、お父さんコーチ（八名ほど）は、練習に合わせたラインを引いたり、ビブス、ミニゴールの準備を行ったり、練習メニューの打ち合わせを行う。各学年、練習する場所はおおむね決まっているが、その日の参加人数、試合が近いかどうか、この後始まる高学年の練習予定などを考慮して、練習場所と終わりの時間を打ち合わせる。

ランニングのあと体操とストレッチを終え、全員が校舎の前で横一列になり、キャプテンの号令のもとコーチたちに挨拶を行う。そのあと、各学年のコーチの一人が出席簿で名前を呼び出席を確認する。これは参加者の確認はもちろんであるが、年度末に「皆勤賞」などの表彰にも用いる。出席簿の作成と管理、また毎月配布する練習予定表は、役員である五年生の保護者が作成する。後述するように役員にはさまざまな役職があり、この日は部室の掃除と、前日の試合で使用したブルーシートの掃除のために数名の役員が来ていた。役員には担当学年が割り振られており、準備運動の時間を利用して試合のスケジュールやメンバー、移動の手段についてコーチに確認することもある。

練習が始まると、各学年に分かれてメニューを消化していく。ただし、低学年は、鬼ごっこや一対一、ミニゲームが中心となる。通常、各学年二〇名近くの子どもたちが参加するが、近隣の小学校と比較しても狭い校庭であり、サッカーゴールも設置されていないため、本格的な練習を行うことはできない。子どもたちの中にも、上手になりたい子、友達に会いにくる子、親から行かせられている子など目的や意欲に大きな差があり、コーチたちも練習メニューの作成には苦慮している。

九時二〇分、低学年が練習を終え片づけ始めるころ、四年生以上の子どもたちが集まり始める。高学年も二〇一七年まではクラブでボールを準備し卒業まで貸し出す仕組みになっていたが、現在は、各自持ちになっている。低学年が学年ごとにコーチへ挨拶をするため整列を始めるころに、高学年は六年生のキャプテンを先頭に低学年と同じようにグランドを三周し準備体操を行う。グランドは六年生が半面を、残りの半面を四年生と五年生が使用する。この日は三学年一緒に二人組でパス交換しながらグランドを往復する「ランニングパス」から練習が始まった。いくつかのパスパターンを繰り返し往復するが、うまくいかずボールがあちこち転がるので、コーチたちは周りで声掛けとボール拾いを行っていた。この練習は、近年ではあまり少年サッカークラブの練習で見かけることのない練習であるが、クラブの中心である荒井氏、渡辺氏（七〇歳）が初期のころから取り入れてきた練習である。この練習以外は、どのような練習を行うか学年コーチに任せられている。ただし、グランドは上級学年が優先して使用することになっており、六年生が全面使用し紅白試合を行う際には、五年生も間で試合を入れることになる。荒井氏、渡辺氏は担当の低学年が終わるとグランドを後にすることが多いが、時には高学年の練習や紅白戦をみて子どもたちに声をかける。この二人以外は、各学年を持ち上がりで指導するため他の学年の子どもたちのことを知る機会は少ないが、低学年を担当する二人はクラブ員のほとんどが〝教え子〟となる。

若葉SCでは、四年生および六年生に上がるタイミングで退部者がでることが多い。その多くは受験に備え、塾に行くためである。そのためクラブ員数も高学年では一〇数名となる（多い学年でも二〇名程度）。各学年はお父さんコーチを含め三～四名が担当している。コーチの中には、現役時代にそれなりの実績がある人もいれば、子どもが始めたため関わりだしたというまったくの素人コーチもおり、子どもたちへの指導や声掛けもさまざまである。この日は、四年生の練習が終わった後に、五、六年生だけの紅白戦が行われており、六年生の主担当コーチに声をかけられた五年生の三名は六年生の紅白戦に参加していた。上級学年の試合に参加する下級学年の子どもは「助っ人」と呼ばれ、練習は該当学年に参加しながら、試合は掛け持ちすることになる。

一一時四五分になると、六年生が〝トンボ〟でグランド整備を始める。後片付けが終わると、低学年と同じように整列してコーチにお礼の挨拶をする。コーチからは今後の試合などの連絡がなされることはあるが、次の学校開放利用団体である少年野球チームが待機しているため、挨拶のみで終わることが多い。

2 — 運営の方法

若葉ＳＣでは、先に触れた「助っ人」以外は該当学年で活動する。六年生は、ブロック（調布市、武蔵野市、三鷹市、狛江市）の前後期のリーグ戦、全日本少年サッカー大会のブロック予選、調布市の大会、馴染みのチームから声を掛けられる招待試合や練習試合などで、ほとんどの土日は試合が組まれている。なお、東京都では、少年サッカーの公式戦は東京都少年サッカー連盟が主催・主管となり、二〇二〇年度は八一〇チーム、四万一〇二四名が登録している。各クラブは、活動の所在地により一六のブロックに振り分けられ、都大会出場などをブロックごとに競うことになる。若葉ＳＣは九ブロックに所属しており、ブロックの大会以外に調布市少年サッカー連盟が主催する大会にも出場している。五年生は、調布市の前後期リーグ戦、カップ戦、都大会のブロック予選と練習試合があり、六年生ほどではないが土日の活動の半分ほどは試合に出かけている。四年生は、調布市の春秋の大会、都大会ブロック予選や招待試合などがあるが、年間を通して土日は校庭で練習することが多い。三年生は調布市の春秋の大会と都大会のブロック予選、二年生は調布市の大会に二回、一年生は一回出場するだけで、年数回の練習試合のほかは校庭での練習が中心となる。商業的なクラブを除き、学校区を基本的範囲として活動する調布市の少年サッカークラブの多くは、同じようなスケジュールを組んでいる。競技レベルとしては、二〇チーム程度ある調布市の中で中位程度であり、ブロックの代表として都大会に出場することもほとんどない。しかし、個人的には東京都トレセンに選出されたり、卒業後に地域の有名クラブのジュニアユースに入団したりする選手もいる。中学校進学後サッカー部には入らず他の種目に転向する者が半数ほどいる。普段の練習内容は、荒井氏と渡辺氏がこれまでやってきたものを踏襲することが多く、サッカーの技術・戦術よりも「あいさつ」「取り組む姿勢」「行き帰りの安全」などが強調される。

――子どもたちの楽しみ……年間イベント

年間の活動の中で三つの大きなイベントがある。一つは七月に開催される親子サッカーである。学年ごとに親子対決のミニゲームが行われ、六年生はコーチ陣と対戦する。毎回、多くの保護者が参加し、子どもたちも楽しみにしている。

二つ目は、夏休みに六年生が参加する静岡遠征である。二泊三日で行われ、一日目は地元の黒石少年サッカークラブ（以下、黒石ＳＣとする）との試合と交流会、二・三日目は焼津市のサッカー大会に出場する。静岡遠征を始めた理由は、渡辺氏が自身の郷里である静岡の少年サッカーとの差を実感し、子どもたちに静岡のサッカーを体感させたいと考えたからである。一日目の交流会では、子ども同士のレクリエーションや優秀選手の表彰、コーチたちの情報交換が行われる。二日目の夜には焼津港での花火大会を堪能するなど子どもたちにとっては大きな思い出となっている。また若葉ＳＣの静岡遠征の二週間後には、今度は黒石ＳＣが東京遠征（調布市の他の少年サッカークラブが主催する招待大会に参加）を行い、若葉地区の公民館で再度交流会が行われる。一九八八年に第一回の静岡遠征が行われ、三〇年以上続いている行事である。

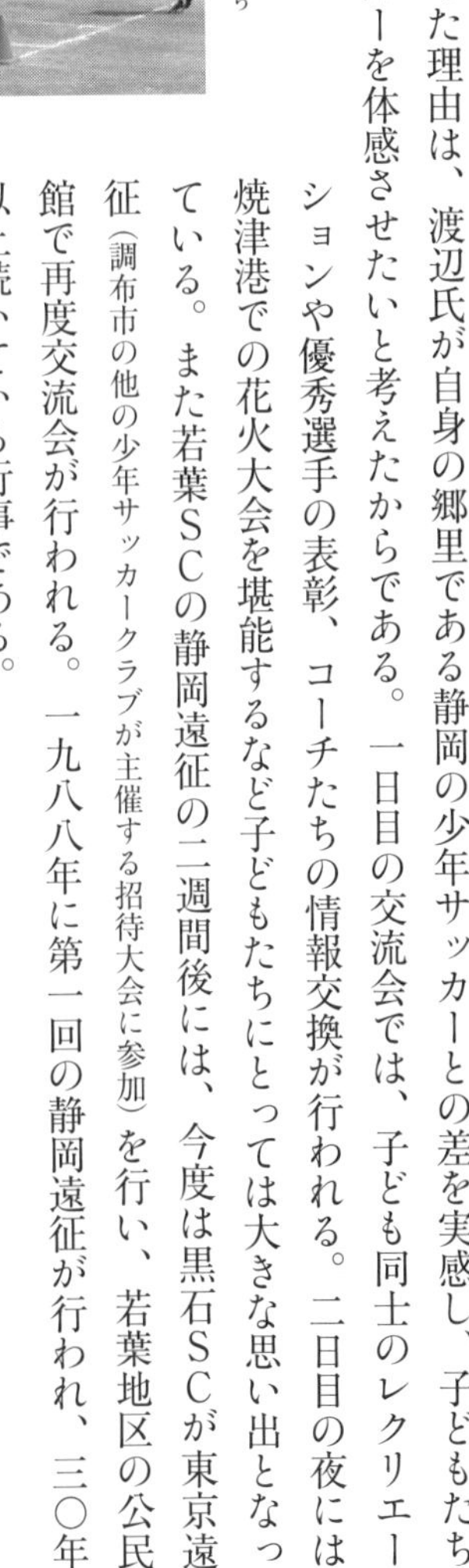

親子サッカーに集まった保護者たち

三つ目のイベントは、若葉ＳＣが主催となる招待大会「ウィンターカップ」である。調布市ではほとんどの少年サッカークラブが主催となり、知り合いのクラブ（四〜一〇チーム程度）に声をかけた招待大会を開催する。それぞれの大会で、優勝チームへのトロフィーや賞状のほか、優秀選手などの表彰もあり、子どもたちにとっては公式戦と同じくらいの意味を持つ。若葉ＳＣでは冬場に開催し、六年生をカップ戦として、五年以下はその時の状況で対戦相手を招待し練習試合を行う。

――平日の放課後練習

若葉SCが調布市の近隣の少年サッカークラブと大きく異なる点は、週二回（月・水）の平日（放課後）練習が行われている点である。土日や学校休業中の校庭利用は、学校開放利用団体として学校開放委員会の管理下に置かれているが、この平日の校庭利用には学校開放委員会は関知していない。それには五〇年前の設立当時の状況が影響している。一九七一年に創設された若葉SCは、小学校の教員が運営・指導する「部活動」として活動を始めた。若葉SCが設立された一九七〇年代は部活動の社会体育への移行が進められた時期である。それに逆行するような状況であるが、渡辺氏によると、一五年間は教員（二名）が中心となり、地域の協力者（荒井氏など）やお父さんコーチ（渡辺氏など）が手伝う形で運営されてきた。しかし、教員の異動や、部活動から社会体育への流れの中で、一九八六年に若葉SCも学校開放委員会に加盟し地域のクラブとして活動することとなった。しかし、その後四〇年近く経った現在も、平日練習は、「部活動」時代と同じように行われているのである。常に教員が入れ替わる小学校において、長期間にわたり学校施設を利用してきたという「既成事実」は、地域のクラブとして大きな意味を持っているといえる。

平日練習の指導は、ここ数年間、学校近くで税理士事務所をかまえるO氏（若葉SCのOB）が担当してきたが、二〇一八年度からは大学生二名（若葉SCのOB）をアルバイトで雇用している。参加できるのは、四年生以上で、冬場は日没が早いため校舎の廊下の明かりをつけて練習する（これも長い間の慣習となっている）。練習内容はほとんどがミニゲームで、子どもたちは「遊び」にきている感覚である。校舎の明かりを利用することや暗くなってから帰宅することなどの課題もあり、学校側とたびたび意見交換を行っている。しかし、若葉SCにとってこの平日練習の存在はクラブ員獲得の大きな要因になっており、一方で、放課後に子どもたちが学校に集まって活動する様子は若葉地区の特徴ともなっている。

――保護者による役員会

若葉SCでは、クラブの運営は五年生の保護者で構成される役員会が担当し、コーチは指導に専念できるような体制になっている。役員会の設立時期は明確ではないが、渡辺氏によると、調布市少年サッカー連盟が設立された一九八九年ごろには、若葉SCの保護者が集まり連盟の手伝いをしていたという。その後、クラブ運営に熱心な保護者がいた一九九一年ごろに役員会として組織化され、コーチへの謝金も拠出されるようになった。役員会の仕事は会費の運用、会員の管理、試合の引率、平日練習の当番、部室の管理、ユニフォームなどの物品管理、地域行事への協力など多岐にわたる。定例の役員会は、毎月一回開催されており、コーチ陣を代表して渡辺氏も参加する。試合や行事の確認、入退部者の確認、学校開放委員会の報告、調布市少年サッカー連盟の報告などが行われる。議事の中で、コーチに伝達が必要な事柄がある場合、各学年担当の役員が連絡する。定例の役員会のほかにも、地区運動会への協力、若葉地区の夏祭りへの出店、静岡遠征の企画・準備、お別れ会の準備・実行、静岡県の黒石SCとの交流会などさまざまな行事への対応がある。特に、地域行事への参加は、若葉SCが地域のクラブとして認知される機会となっている。クラブの運営のための会費として、毎月一・二年生一五〇〇円、三年生二〇〇〇円、四・五・六年生三〇〇〇円を徴収している。予算・決算については役員会で案を作成し、総会で決議されることになっている。主な経費は活動に必要な物品（ユニフォームやボールなど）の購入に充てられる。そこには荒井氏、渡辺氏の「手ぶらで来られるサッカークラブ」でありたいという強い思いが反映されている。そのほか、コーチへの謝金もあり、二〇一九年当時は、各学年の担当コーチ及びお父さんコーチOBには参加回数に応じて謝礼（一回一〇〇〇円）が支払われ、お父さんコーチには半年で一万円が支払われていた。

招待試合会場の本部で待機する役員会の面々

――コーチ会議

役員会終了後には、全コーチが集まるコーチ会議が開催される。二〇一九年度は一八名のコーチ（平日の学生コーチを含む）がいた。うち、お父さんコーチOBは九名、お父さんコーチは四名であった。毎回ほとんどのコーチが参加し、練習や試合の予定確認、各学年の戦績報告のほか活動課題検討やサッカー指導法、ルールの勉強などが行われる。活動課題としては、グランド確保・使用に関することや近隣からの騒音苦情への対応、ユニフォームや用具の管理等があり、コーチたちは熱心に議論に参加する。また時間的に余裕があるときは、荒井氏と高学年の主担当コーチが中心となり、高学年から見て低学年時に習得しておいてほしい技術や「若葉ＳＣのサッカー」に必要なことが検討される。高学年の主担当コーチからは、ＪＦＡの指導者講習会で収集した情報やトレセン関連の情報がレクチャーされる。全員がボランティアコーチで、サッカー経験もさまざまであるが、熱心にメモを取るなど子どもたちの指導に情熱を傾けていることがうかがえる。コーチの担当する学年については、二〇一七年頃までは、一・二年生は荒井氏が主に指導し、主担当コーチとその補助をするお父さんコーチが三年から持ち上がりで六年生まで指導する形をとっていた。四年間のさまざまな活動を通して、コーチと子どもたちは非常に緊密な関係を築くことになり、六年生のお別れ会では、コーチと一緒に号泣する子どもの姿も見られる。

3 ― 若葉ＳＣの歴史――指導者たちのライフヒストリーをもとに

［1］荒井氏のライフヒストリー

三五年の長きにわたり若葉ＳＣを指導してきた渡辺氏が、「若葉ＳＣは荒井さんなんですよ」と語るほど、若葉SCの歴史に荒井氏の存在は欠かせない。荒井氏は一九四八年栃木県に生まれ、高校を卒業後、中央大学法学部に進学し若葉地区にある地元栃木県烏山町営の学生寮に住んでいた。荒井氏自身は高校まで一度もサッカー経験はなかったが、一七歳の時（一九六五年）に創刊された『サッカーマガジン』を愛読するようになり、サッカーの虜になっていった。

学生寮では時々寮の前でサッカーボールを蹴って遊ぶことがあった。その姿を見ていた中学生が、サッカー部の指導する先生が異動でいなくなったので、外部コーチとして来てほしいとお願いに来たという。顧問の教員からも依頼があり、若葉小学校の隣の中学校で外部コーチとしてサッカーの指導に携わるようになったが、二年目には学校の意向でコーチを退くこととなった。この間、隣の若葉小学校で練習する若葉SCの練習の様子を見たりすることもあり、少しずつ若葉SCの子どもたちと顔なじみになったという。当時、大学に籍を置いたままアルバイトをしながらの生活であったが、時間的余裕もあり、子どもたちと遊びでボールを蹴るうちに若葉SCの練習にも自然と入るようになった。その頃を振り返り「今だったら絶対許されないよなあ。勝手に入り込んで。変な人がいるとかで」と笑顔で語っていた。当時の様子について、若葉SCの二五周年記念誌〔一九九五年発行『25th WAKABA FC』〕には次のように記載されている。

――やがて私も六年生となり、伝説の人「荒井さん」が登場しました。ある日の練習のこと、髪は長く短パン姿の一見変なおじさんが、僕らに近づくなり急にボールを蹴りだし、いつの間にかゲームに

溶け込んでいました。その荒井さんの年齢や職業は未だに分かりません。（一九七三年卒業生のコメント）

荒井氏が正式に若葉ＳＣのコーチになったのは一九八一年のことである。前述したように若葉ＳＣは小学校の教員が創設したクラブであり、二人の教員が引き継いで運営してきた。しかし、実際に指導できる教員が異動でいなくなり、当時、子どもたちに交じって練習の手伝いをしていた荒井氏に保護者の一人が依頼したのである。突然、小学生を一人で指導することになった荒井氏であるが、「子どもと遊べりゃいいや。自分で経験があるわけでもないしサッカーコーチのハウツーも知らないけど、自分の好きなことをやれるので」という気持ちで引き受けた。

そこから若葉ＳＣでの指導が始まったわけであるが、一九九一年にペットフードの宅配会社に就職するまで、自由に時間が使えるという理由で家庭教師、皿洗い、ガス屋の調査員などのアルバイトで生活費を稼いでいた。自由なアルバイト生活の中で、若葉ＳＣの指導にとどまらず、日本代表の試合やヨーロッパ選手権などの試合観戦に出向くほど、サッカーとの関わりが広がっていった。そして、初めて社員となったペットフードの宅配の仕事も、一九九四年のアメリカワールドカップを観戦するため退職したのである。アルバイトをしながら子どもたちのサッカーを指導する当時の生活を振り返り、「最初は実家からもいろいろ言われたが、途中で見放したと思う。あてにできないと。要は、三男なので、まともな考えができない。人生一人で生きていったって良いんだと思い定めたところがあるのかなあ」と笑顔で語っていた。

翌一九九五年に、若葉ＳＣの保護者の斡旋で若葉地区の造園業者に就職したが、造園に興味や経験があったわけではなく、土日を若葉ＳＣの指導にあてることができることと、ワールドカップやヨーロッパ選手権の開催時期（六月ごろ）に仕事が少なく休みがとりやすいということが理由だったという。これまでワールドカップとヨーロッパ選手権をそれぞれ四回現地観戦している。

――「お父さんコーチ」渡辺氏と出会う

さて、若葉ＳＣの指導については、渡辺氏が一九八五年にお父さんコーチに就任するまで、ほとんど一人で指導してきた。クラブの運営はその当時から保護者が担っており、子どもたちに大好きなサッカーを指導するということで特に苦労はなく、とても楽しかったと語っていた。ペットフードの宅配業をやっていた時は、早めに仕事が終わるように調整したり、配達ルートに若葉小学校が入るようにしたりして、平日の練習にも顔を出していたという。一九八五年以降は、渡辺氏と二人三脚で若葉ＳＣを作り上げてきた。荒井氏は、「渡辺さんがいなかったら、こんなに長く続かなかった」と語り、若葉ＳＣで大事にしてきたことを次のように語っている。

―一九八五年Ｗ杯予選、日韓戦の時のことだけど、その頃から世間でもサッカーの情報があふれていて、その第二戦をソウルに観戦にいったんですよ。「日本サッカー狂会」という団体が主催するツアーに同行したんですよ。そして、日本代表が韓国に負けた夜にホテルでサッカー好きの人たちと大激論を交わして、そこでサッカーの原点は一対一ということに気づいたんです。日本の子どもたちも小さい時から一対一が重要というのが今も指導の信念です。これは、日本に戻ってすぐに渡辺さんとも同じ話をして、そこから若葉を作り上げてきたんです。

子どもたち（1年生）に教える荒井氏

後述するように、渡辺氏は調布市の少年サッカー連盟の役職を歴任するが、荒井氏は設立当初こそ役員に就いていたが、しばらくすると渡辺氏にその役割を任せ若葉ＳＣの指導に専念してきた。自分自身のことを「俺は反主流だから」と笑顔で語っていた。一方で、ＪＦＡの指導者研修制度などでサッカーの知識や指導法を修得することは非常に良いことだと語り、今でも研修会に参加したお父さんコーチに多くの質問を投げかけ、サッカー指導の議論を楽しんでいる。少年サッカー連盟や役員会との関わりの多くを渡辺氏に任せ、子どもたちとサッカーボールを蹴り合う「現場」にいることを生きがいとしているように見受けられる。子どもたちの前で「デモンストレーションができなくなったら終わり」と語り、七〇歳を超えた今でも子どもたちとの一対一を楽しんでいるのである。

――「単純に生きる」

これまでの指導を振り返り、最近の子どもたちの様子について尋ねたところ、「子どもたちのサッカーに取り組む姿勢は今も昔も大きくは変わらない。学年が進むにしたがって学年ごとの色合いは少しずつ出てくるが、子どもたちのサッカーに対する姿勢は変わらない」と語っていた。しかし、「昔は、親も子もみんな若葉SCが一番大切だよね、という感じがあった。今はどこにでも少年サッカークラブがあり、別に若葉でなくても良いですよという感じになっている。だけど、私としては、若葉が一番だよね、若葉が一番好きだよね、というコーチや子どもと一緒にサッカーをやりたい」と若葉SCに対する思いを口にしていた。そして、「毎日サッカーやって、上手になりたい子はそういうクラブに行けばいいんですよ。最初は親に連れられて来たり、友達に誘われて来たりした子たちが、若葉のサッカーが楽しいと思ってくれて一緒にやってくれたら、それに応えてあげるのが私たちコーチの責任かなあと思う」と言うのである。サッカーの技術向上はもちろんであるが、楽しい時間を過ごしてもらう、サッカーを好きになってもらうことを大事にしたいと語っていた。それでも若い頃は、どうしたら上手くなるかということばかり考えていたという。しかし、渡辺氏が日ごろから「楽しませましょう」と指導していたことや、低学年の指導に専念するようになり、考え方が大きく変わったという。渡辺氏の影響について、「ちゃんと社会人として仕事をしてきた人と、やくざな生活を送ってきた自分との違いだよね」と笑顔で語っていた。

さて、荒井氏の人生は、そのほとんどが若葉SCでのサッカー指導とアルバイトの人生であったといえるが、もう一つ音楽という趣味を持つ。学生時代からアメリカのフォークソングが大好きで、バンドを組んでフィドル（ヴァイオリン）やギターを演奏する。現在も、下北沢で年二回のライブを行い、若葉SCのお別れ会ではバンド演奏で六年生を見送るのである。最初にバンドを組んだきっかけは、中学校でサッカー部の指導をしていた際に、音楽好きの中学生がアパートを訪れ一緒にレコードを聴くようになったことにある。最初のメンバー（当時、中学生）の中には、今も一緒にバンド活動をしている人もおり、その息子が若葉SCでプレーし親子二代での付き合いがあるという。「これからも一生懸命子どもたちとサッカーやって、暇なときに楽しい仲間と音楽やる人生を送り、司馬遼太郎の小説にある『単純に生きるんだ』という人生でありたい」と語っていた。

現在、若葉SCの高学年の指導はすべてお父さんコーチに任せている。その理由は「私と違ってまっとうな人生を歩み、会社に勤め、自分の子どもを育てたお父さんコーチたちだから間違ったことはしないだろうという信頼があるから」という。ただ、「子どもには真剣にサッカーに向き合ってほしい」という願いがある。そして、これからの若葉SCについて、「もっと門戸を広くして、サッカーやりたい子をすべて受け入れてやりたい」と考えており、「サッカー選手を育てるのではなく、サッカーを好きな子を育てる」クラブでありたいという。荒井氏は、聞き取り調査の最後に次のように語っていた。

日本全国に俺みたいなのがいて、サッカー好きのおじさんがいて、その人たちが試行錯誤してそれが日本のサッカーを支えてきたと少しは自負している。なんだか人生の中心にサッカーがあったよなあ。なんで『サッカーマガジン』を創刊号から読み始めたのか。なんでだろうね。でも、サッカーが一番楽しい。サッカーって良いよね、というしか言いようがないよね。

［2］渡辺氏のライフヒストリー

渡辺氏は、一九四九年にサッカーどころで有名な静岡県藤枝市で生まれた。しかし、渡辺氏自身は、「小学生の頃は、夏は野球、冬は稲刈りの終わった田んぼでサッカーやっていました」と語るように、サッカーに専門的に取り組んでいたわけではなく、中学校時代に多少経験した程度であった。高校進学の際は、藤枝市のサッカー強豪校への進学を希望したが、兄の強い勧めもあって静岡市の静岡工業高校に進学した。同校のサッカー部には有名な指導者もいて入部を希望したが、家庭の事情により叶わなかった。高校を卒業するまで好きなサッカーを行うことができず、当時のことを今でも残念がっている。そして、やっとサッカーに取り組めるようになったのは、高校卒業後（一九六八年）に入社した日本電信電話公社静岡のサッカー部に入部してからである。そこから渡辺氏の生活の多くをサッカーが占めることになった。静岡市社会人リーグや日本電信電話公社の全国大会を目指し、試合や練習に明け暮れていた。当時のチームの先輩に、現在も交流のある、静岡の黒石ＳＣを指導する村松氏がいたのである。

――若葉地区との縁

入社後四年間は現場での仕事を経験し、通信技術の電子化が進むなか、一九七三年にデータ通信関係の「専門部」で研修を受け、一九七七年まで静岡市でシステム関係の業務に従事した。そして、一九七七年（二八歳）に調布市の若葉校区にある「中央学園」の「大学部」で研修を受けることになり、妻と長男と一緒に二年間東京で暮らすこととなった。日本電信電話公社静岡のサッカー部での活動はできなくなったが、大学部での研修の二年間も「部活動」としてサッカーを続けていた。非常勤講師として授業を担当していた私立大学の先生の指導の下、当時開催されていた郵政、国鉄、電電公社の「大学部」対抗のサッカー大会を目指し、授業後にほぼ毎日練習していたという。この「中央学園」の所在地が若葉地区であったが、当時はまだ若葉ＳＣとの接点はなかった。しかし、家族で初めて住むことになった「東京」が若葉地区であったことが、渡辺氏のその後の人生における若葉ＳＣとの関わりや同地区でのさまざまな地域活動へとつながっていくのである。当時を振り返り、近隣には子どもたちが虫取りをする森や乳牛を飼育する家もあり牛乳を直接購入することもできるなど、とても「東京」とは思えないほど自然豊かな地域だったと語っていた。

二年間の「中央学園」での研修を終えた後、一九七九年（三〇歳）から三年間、名古屋の日本電信電話公社に勤務することになった。この間もサッカー部で活動を続け、そこで再び、黒石ＳＣの村松氏と共にプレーすることになった。そして三年間の名古屋勤務のあと再び東京に移動することになり（一九八二年、三二歳）、生活環境が気に入っていた若葉地区にある社宅に、家族四人で居住することになった。長男は新入生（次男は二歳）として若葉小学校に入学したが、当時の若葉ＳＣは四年生から入部を認めていたので、長男が入部したのは一九八五年になる。

――「お父さんコーチ」の始まり

一九八五年の秋に、妻から長男が若葉ＳＣの練習になかなか行きたがらないため様子を見てきてほしいと頼まれ、グランドに出向いた。半分ぐらいの子どもたちが遊んでいる練習風景を見て、「もっとボールを触らせないと、こんなサッカーやっていてもだめだなあ」と感じたということであった。当時は、荒井氏と時折手伝いに来る青年コーチだけで指導しており、コーチの数が不足していたため十分な指導ができない状況にあった。そこで、渡辺氏も練習を手伝うようになり、一九八六年、長男が五年生の時に正式に若葉ＳＣのお父さんコーチとなった。そこから三五年近く、荒井氏と少年サッカーの指導に関して考えや思いをすり合わせながら、二人三脚で若葉ＳＣを指導してきたのである。

東京に引っ越してきてすぐのころは、郷里の静岡に帰ることも考えていたが、日本電信電話公社の民営化（一九八五年）とその後のＮＴＴの分社化の流れの中で、家族ともども東京での暮らしを続けることを望むようになった。その要因として、若葉地区の自然豊かな生活環境と若葉SCの存在があった。一九八九年に、卒業した長男と入れ替わりで次男が若葉SCに入部し、大好きなサッカーに夢中になると、渡辺氏の指導にも熱が入るようになった。その年には第一回の静岡遠征を実施し、調布市の少年サッカー連盟の仕事にも携わるようになった。一九八〇年代は、漫画「キャプテン翼」の影響もあり、サッカーを選択する子どもたちが増えた時代である。子どものサッカーを応援する保護者も多くなり、渡辺氏のように指導のお手伝いをするお父さんコーチの数も徐々に増えていった。大部分のお父さんコーチは、子どもが卒業するまでの二〜三年でやめていくが、なかには子どもが卒業しても数年間残って指導する、お父さんコーチOBも現れるようになった。

その後、渡辺氏は、一九九四年に課長に就任し、上司の勧めで西麻布のマンションに住居を移すことになった。しかし、西麻布に住んでいた七年間も若葉SCの指導をやめることはなかった。毎週土日の練習に加え、夏休みの静岡遠征、連休中の大会引率、調布市少年サッカー連盟の仕事など、若葉地区に住んでいるときと変わらない活動を続けていた。当時を振り返り、「やめることは全く考えなかった。若い新入社員ともサッカーの話ができるので、仕事もやりやすかった」と語っていた。また若い部下には、よく「仕事以外に、仕事とは関係ない趣味や何かやる場面を持ったほうが良いとアドバイスしてきた」という。渡辺氏自身も「若葉SCがあったから仕事もできた」とはっきりと口にする。

そして、二〇〇一年（五一歳）、戸建ての自宅を構えることとした。その際、渡辺氏は若葉地区以外に建てることはまったく考えなかったという。最寄りの駅から都心まで二〇分程度の距離にありながら、「夏はカブトムシを採り、冬はソリで遊ぶ子どもたちがいて、東京とは思えない自然があり、とても住みやすいところ」という生活環境の良さに加え、「若葉SCの指導がしたかったから」とその理由を笑顔で語っていた。このような地域への思い入れが、その後の渡辺氏の同地区でのさまざまな地域活動へとつながっていったと推察される。

子どもたち(2年生)に教える渡辺氏

——地域の人びとと共に

再び若葉地区に住むようになった渡辺氏は、二〇〇五年NTTデータの子会社に再就職し、より一層若葉SCの指導に熱が入った。また、二〇〇七年から二〇一三年の七年間は調布市の少年サッカー連盟の副会長・会長を歴任するなど、調布市少年サッカーの中心的な役割を果たしてきた。そして、二〇一五年に定年退職を迎えると、調布市の第三セクターの臨時職員として働きながら、若葉SC以外の地域活動にも積極的に関わるようになった。退職後すぐに、地域の各種団体が連携しまちづくりを行う学校地区協議会の運営委員となり、一年後には防災委員長を歴任した。さらに、調布市のスポーツ推進委員も委嘱され、地域内のさまざまな会合に顔を出すようになった。まさしく地域活動のキーパーソン的存在になったのである。このような渡辺氏の地域との関わりの背景には、定年後に時間的余裕ができたこともあるが、加えて、若葉SCにおける長年の指導の中で、子どもだけでなく保護者や他団体と接触する機会が増え、地域での「顔見知り」が多くなったことが影響している。「ドロドロした人間関係に詳しくなったよ」と語り、地区の会合等で知り合ったメンバーで調布市市議会議員選挙（二〇一九年四月）の応援組織を結成したこともある。また、「若葉地区は本当にいいところだけど、古いしきたりや人間関係だけで動くところがある。しかし、古いものがすべてダメではなく、永く住む人たちが年を取り、自分の土地を売ったりして、だんだん力がなくなっている。地域全体の活動も停滞している。自分も長く役職に就くことはよくないと思っている。スポーツ推進委員も四年やったので、次に回すことにした」と若葉地区における地域組織のあり方について熱く語っていた。その姿勢からは、私生活を社会化していこうとする「公共性の志向」[鈴木 1996]の強さを確認することができる。

4─「まちクラブ」が地域に根を下ろすために

若葉SCは、二〇二一年に設立五〇周年を迎える。若葉SCが設立された一九六〇年代後半から一九七〇年代初頭は、小学校の運動部部活動の社会体育化が進められた時期である。この時期に、若葉SCのような地域や学校区で運営する少年サッカークラブが数多く立ち上げられた。その後は、漫画「キャプテン翼」やJリーグ開幕などの影響もあり、クラブ数、クラブ員数も増加した。調布市少年サッカークラブ連盟には、二〇二〇年現在一六チームが加盟しているが、そのうち一三チームは若葉SCと同じように学校区を基盤とした少年サッカークラブである。このようないわゆる「まちクラブ」によって、日本の少年サッカー界は永く支えられてきたといえる。そして、それらのクラブには、荒井氏、渡辺氏のような多くのボランティアコーチやお父さんコーチが関わっていたと推察される。

――充実して生きる

なぜ、両氏はこれほど長く若葉SCに関わることができたのであろうか。グランドレベルの指導に関していえば、「サッカーが好きである」、「チームとしての実績をあげたい」、「優秀な選手を育てたい」というような思いがあったからと言える。しかし、それだけでは数十年にもわたる活動の継続を説明するには不十分であろう。彼らのライフストーリーから見えてくるのは、若葉SCの活動が彼らの生活の一部であったということである。鳥越皓之[2020]は、人びとの生活においては、「生きる(生産)」と「充実して生きる」の両方が存在するという。鳥越によると、身体活動は農作業などの生産を第一とするが、人びとの生活はそれだけで完結するものではなく、生産以外に目的化された身体活動が多様に存在する。そこには単に生きる(生産)ということ以外に、人間として充実して生きるという意味が存在するのである。両氏ともに、七〇歳を超えた今でも子どもたちと一緒にボールを追いかける。時には、小さな子どもにもその体をぶつけ、自らの身体を通してサッカーを指導する。その時の両氏の笑顔は、指導を受ける子どもたちのそれと何ら変わるものでもない。まさしく両氏にとって「充実して生きる」時間がそこにはある。

――お父さんコーチ

また、両氏を支えてきたお父さんコーチの存在とその緩やかな関係性も見逃すことができない。おそらく二人だけではこれほど長く続けることは不可能であったであろう。正確な人数は定かではないが、毎年一～二名のお父さんコーチが新たに加わる現状から考えると、これまでのお父さんコーチの数は五〇名近くになるのではないかと思われる。子どもの卒業と同時にやめていく人もいるが、卒業後も継続する人もいる。その中には、他県に単身赴任しながら帰省した際のみ指導に来るコーチもいる。仕事の都合で半年ほど休んだ後で復活したコーチもいる。そこには非常に緩やかな関係性があり、多くのお父さんコーチはその緩やかさがあるからこそ、安心してクラブの活動に関わることができたのであろう。最近では、子どものころ荒井氏・渡辺氏に指導を受けたＯＢが、お父さんコーチに就任するケースも増え、世代をつなぐ関係性が出来つつある。

一方で、コーチの数の多さは子どもたちの活動にも影響を与える。二〇二〇年は一八名のコーチが在籍したように、毎年二〇名近くのコーチが関わることになる。コーチたちは年齢だけでなく社会的立場や職業もさまざまであり、子どもたちへの接し方も決して一様ではない。一〇〇名以上いる子どもたちは、サッカーの練習や試合のためだけでなく、友達と会うため、親が不在だからなどさまざまな理由でクラブにやってくる。そのような子どもたちにとって、多様なコーチの存在が一つの安心感につながっている。

――地域関係

最後に、両氏が長く若葉SCの活動を継続できた背景に、地域との関係性があることも指摘しておきたい。若葉SCの活動として、地域の夏祭りや運動会に協力することはあるが、そのような目に見える「地域連携」だけでなく、地域の事情をうまく「勘案」しながらクラブ運営を行ってきたのである。前述したように、若葉地区は調布市の最東部に位置し、世田谷区の成城や祖師谷に隣接する。最寄りの仙川駅は近年再開発が進み若い夫婦に人気の町となっており、一方、成城は昔からの高級住宅地である。そのような地域構造をなす若葉地区には、比較的経済的な余裕のある教育熱心な家庭が多い。中学受験率も高く、学年によっては半数ほどが私立や公立の中高一貫校を受験する。塾以外の習い事も多い子どもたちにとって、若葉SCはサッカーをする場である一方、「遊び」あるいは「息抜き」の場でもある。両氏は、サッカーの指導者としてその指導方針に従わせるだけではなく、そのような子どもたちを気軽に受け入れる雰囲気を作り上げてきたのである。

また、これまでの長い活動ではさまざまな課題にも直面してきた。なかでも、小学校の事情でグランドが使用できない期間の練習会場の確保は、大きな課題であった。筆者が参与観察を行った三年間で一か月以上使用できない期間が三回もあったが、その都度、地区の情報を収集し地域の人脈を頼りに、例えば自治会が管理するゲートボール場や地区内の私立小学校のグランドを借用するなどの対策をたて、子どもたちの活動を継続させてきた。若葉ＳＣは、普段から地域の他団体との連携や地域活動に特に熱心に取り組んできたわけではない。しかし、荒井・渡辺両氏は、若葉ＳＣの活動に関わることで必然的に地域の事情に精通し、若葉地区という地域の中で安定した社会関係を築き上げてきたのである。そしてその土台には、青年期から若葉地区に定着してきた両氏の「土着性」[鈴木 1996]があると推察される。

〔第4章〕

サッカーで「飯を食う」——職場としてのサッカークラブ

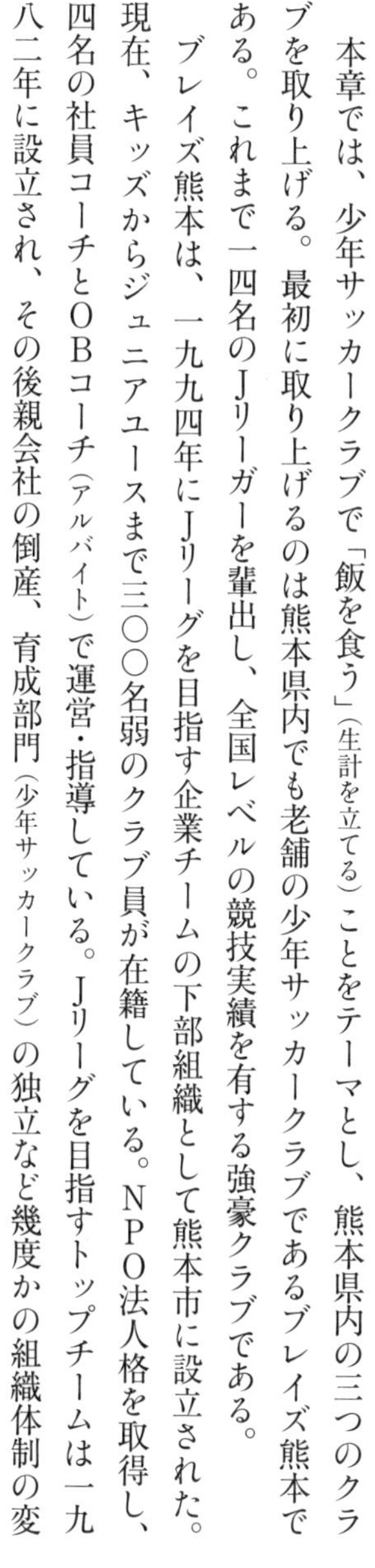

1—ブレイズ熊本

本章では、少年サッカークラブで「飯を食う」(生計を立てる)ことをテーマとし、熊本県内の三つのクラブを取り上げる。最初に取り上げるのは熊本県内でも老舗の少年サッカークラブであるブレイズ熊本である。これまで一四名のJリーガーを輩出し、全国レベルの競技実績を有する強豪クラブである。

ブレイズ熊本は、一九九四年にJリーグを目指す企業チームの下部組織として熊本市に設立された。現在、キッズからジュニアユースまで三〇〇名弱のクラブ員が在籍している。NPO法人格を取得し、四名の社員コーチとOBコーチ(アルバイト)で運営・指導している。Jリーグを目指すトップチームは一九八二年に設立され、その後親会社の倒産、育成部門(少年サッカークラブ)の独立など幾度かの組織体制の変化やスタッフの入れ替わりを経験したクラブである。まずはクラブの歴史を振り返ってみよう。

――経営母体の変遷

ブレイズ熊本のトップチームは、一九八二年、熊本市の土木建設会社である東亜建設工業のサッカー部としてスタートした。一九九四年にJリーグを目指すチームとして名称をブレイズ熊本に変更し、同時に下部組織としてジュニア、ジュニアユース、ユースのチームを設立した。現クラブの代表である野元氏は、一九九五年にブレイズ熊本ユースに所属しながらトップチームに登録・出場しており、選手時代から下部組織のコーチとして携わっていた。二〇〇一年に九州サッカーリーグで最下位となって県リーグ降格するまで、九州リーグで二度優勝し、日本サッカーリーグ（JFL）参入戦にも出場したが、Jリーグ入りという夢は叶わなかった。

そして、県リーグに降格した二〇〇二年には東亜建設工業の業績不振（のちに倒産）にともない、トップチームが解散し、翌年にはユースチームも活動休止した。ジュニアとジュニアユースのチームについては、東亜建設工業の子会社である東亜スポーツが少年サッカークラブとして運営を継続することとなった。当時、下部組織のコーチとして携わった者たちは、東亜スポーツの社員となり少年サッカークラブのコーチとして生計を立てることになったのである。しかし、少年サッカークラブの会費収入のみではクラブ経営ができず、東亜建設工業が所有していた阿蘇郡波野村のサッカー場（二面）と合宿施設の運営を受託し、クラブの収入源としていた。

――独立経営を目指す

少年サッカーラブの経営が軌道に乗り始めた二〇〇六年、野元氏のほか三人のコーチで、ブレイズ熊本の名称を引き継ぎ、少年サッカークラブとして東亜スポーツから独立した。前述したように、ブレイズ熊本という名称を使った少年サッカークラブの活動は一九九四年に始まっていたが、野元氏は親会社から独立した二〇〇六年が「ブレイズ熊本」のスタートの年であるとの認識を示していた。しかし、独立した時点でクラブ員数はキッズからジュニアユースまで一〇〇名しかおらず、クラブ会費のみで四人のコーチの給料を捻出するのは困難であった。そこで、東亜建設工業が民事再生法適用の申請中であったことから、二年間は波野村のグランドと合宿施設の運営業務を東亜スポーツから受託し、この間の厳しい経営を乗り切ることができた。さらに、少年サッカークラブとして独立した経営を目指すため、二〇〇七年にはＮＰＯ法人格を取得し、クラブ事業を本格化させた。

その後は順調に会員数も増加し、全国大会や九州大会にも頻繁に出場するようになった。その成功の理由について、野元氏は、熊本でＪリーグを目指すチームとして活動した「ブレイズ熊本」というネームバリューによるところが大きかったと語っている。加えて、全国でも珍しく小学校の運動部活動がある熊本で、早くから（熊本県で二番目に設立された）少年サッカークラブとして活動を展開してきたことで、地域への定着がスムーズにいったといえる。

現在、練習会場として熊本市内の小中学校（夜間開放）や隣町の公共施設を使用しているが、ブレイズ熊本にとって「ホームグランド」と呼べる施設がある。それは、東亜建設工業時代から会社の所在地であった熊本市東部地区の住宅街にあるテニスコート程度のグランド（借地）である。クラブのスタートから数年間は、近隣の子どもたちが多く在籍し、まさしく「ホームグランド」として機能していた。しかし、競技実績や知名度が上がったことから地域外の子どもたちも入会するようになり、送迎用のバスを巡回させ複数の会場を使うようになった。第2章で取り上げたソレッソ熊本も同地域にあるが、両クラブとも熊本市東部地区のクラブという地域性は薄れつつある。しかし、この「ホームグランド」は、キッズの練習会場として、あるいは緊急避難的に使用できるグランドとして貴重な施設となっている。東亜建設工業サッカー部時代に、元社長が知人から土地を借りてグランドとして整備したものであるが、現在も当時の金額のまま賃貸契約を結んでいる。野元氏によると、近隣の子どもたちも通っており、急に使えなくなるということはないとのことであった。

クラブの収入としては、会費を主な収入源とし、ｔｏｔｏの助成金も受給している。また、最近では有名クラブ（FCバルセロナやロアッソ熊本）のスクール事業を請け負うことで収入増を図っている。支出としては、コーチの人件費のほか、グランド賃貸料一〇万円、事務所代一〇万円、駐車場代一〇万円の固定経費が必要となっている。野元氏は、「クラブでは限界があるので、スクールをやるしかない。しかし、熊本にスクール文化がないからうまくいかない。所属意識やチーム愛が強い土地柄なので、クラブで終わってしまう」という。また、近年では「ブレイズ」というネームバリューも低くなってきていることから、ロアッソ熊本やFCバルセロナのスクール事業を受託し、コーチを派遣することで経営の安定化を図ろうとしているということであった。

――コーチたち

では、ブレイズ熊本で「飯を食っている」コーチに目を向けてみよう。独立当時の三名のコーチのうち二名は早い段階で退社したが、彼らはその後複数の少年サッカークラブを渡り歩き、現在も熊本市内でサッカークラブの運営と指導に携わっている。二人が抜けたあと、残ったAコーチのほかに、ブレイズ熊本のトップチーム選手であったBコーチ、さらにC（元アルバイトコーチ）、D、Eコーチが社員として新規に加わり、野元氏とともに六名で運営してきた。その後、二〇一六年にBコーチが地元愛媛で他の仕事に就くために、Eコーチは熊本県内のフットサル場に転職するために退社した。また、野元氏とクラブ設立時から活動を共にしてきたAコーチはNPO法人の理事としてブレイズ熊本の運営に携わりながら、Jリーグのロアッソ熊本とコーチ契約を結んだ。そこで、Aコーチの代わりに以前ブレイズ熊本のトップチームで活動したFコーチを社員として迎え入れ、現在は野元氏、C、D、Fの四人のコーチとOBコーチで指導にあたっている。野元氏によるとOBコーチが「大活躍」であるという。バイト料は時給ではなく一回一五〇〇円とし、クラブの指導以外のスクールへの派遣指導も同額としている。社員コーチと同様に指導者としての質を保障しなければならないので、特に言葉使いや暴力の禁止など厳しく指導しているということであった。

野元氏は、二人の子ども（小学生）と妻（パート職員）とともに暮らしている。妻の実家が近くにあり、「嫁の実家が食材とかを持ってきてくれるので助かる。二馬力で働かないと厳しい」と語っていた。野元氏は、ブレイズ熊本の生え抜き選手であり、その後ロアッソ熊本の前身チームであるアルエット熊本に所属しJFLでも活躍していた。ユース時代からジュニアの指導に携わっていたこともあり、熊本県内のサッカー関係者の中では著名な人物で、多くの「サッカー人脈」を有している。元トップチームの選手であったFコーチ（四一歳）は会社員の妻と子ども（高校三年生）と暮らしており、アルバイトコーチから社員となったCコーチ（三〇歳）は独身である。また、Dコーチ（三七歳）は、もともと佐賀県で少年サッカークラブを立ち上げ、独立して活動していた。三年間活動する中で、ブレイズ熊本と交流があり、野元氏とともにクラブを立ち上げたAコーチの指導に魅かれ、ブレイズ熊本の指導にも関わるようになった。その情熱を買った野元氏が「最低限の給料しか出せないが、自分もAコーチもお金じゃなくサッカーに対する情熱でやっているので、それを理解して熊本に来てほしい」と勧誘し、佐賀県のクラブを閉じてブレイズ熊本の社員となった。現在、パート職員として働く妻と三人の子どもと暮らしている。野元氏自らが言うように、各コーチは決して満足のいく収入を得ているわけではない。独身生活を続けるか、共働きで生計を立てていくしかないというのが現状であろう。そうでなければ、BコーチやEコーチのように転職の道を歩むことを考えなければならない。

——課題

さらに、野元氏は、現在の少年サッカークラブの運営について、いくつかの課題を指摘している。まず、どのクラブに入会するかが、基本的に保護者の意向で決まってしまうことが多いということである。特に、幼稚園や保育園のつながりからグループで入会することが多い。そのため、キッズを対象にした教室を展開するクラブが増加しており、入会時期の低年齢化が進んでいる。その一方で、高学年に上がる際の強豪チームへの移籍が増加している。ジュニアユース(中学生)を設立する場合は、同地域でクラブ間の競合が無いように、設立にはクラブ連盟の許可が必要だが、キッズやジュニアの場合には規制されていない。そのため、計画性のないまま立ち上げられたクラブが二～三年で消えることもあり、野元氏は「子どもたちがかわいそう」と語り、ジュニアチームにも地域の規制が必要であるという。

また、ブレイズ熊本では社員コーチの給料は毎年昇給させているが、クラブ会員の会費収入では限界があるという。そのため、有名クラブのスクールを請け負う事業を始めたが、サッカー以外の収益事業を取り入れなければクラブ経営は先細りすると考えている。運動部活動や総合型地域スポーツクラブへの指導者派遣についても検討したが、基本的な指導単価が安いため事業化は難しいという。野元氏自身も、若いときには遠隔地でも一回いくらという形でコーチをすることでやりがいを感じていたが、「これをやっていて何になるのか。逆に、こういうのを請け負うからコーチ業が育たない」と考えるようになった。最近、「サッカーで飯を食いたい」という若者からの問い合わせが多くなったが、人件費や運営費を計算させて現実を理解させるようにしている。その上で、「何のためにやるのか」ということを必ず考えさせるようにしているという。

2―アスフィーダ熊本

アスフィーダ熊本は、熊本県菊池郡菊陽町（熊本市のベッドタウン）で活動するキッズ、ジュニア、ジュニアユースのサッカークラブである。アスフィーダ熊本の代表である松岡氏は元プロサッカー選手で、クラブを運営するNPO法人「スポーツコミュニティ」の理事長を務めている。

二〇〇六年にサッカースクール事業を開始、二〇〇九年にサッカー協会へチーム登録しクラブとしての事業を本格化した。二〇一九年度は、キッズ・ジュニア約八〇名、ジュニアユース約七〇名が在籍している。競技レベルは熊本県内で中位にあり、Jリーガー等は輩出していない。NPO法人の社員（有給）である五人のコーチとアルバイトの一名で、チームの指導、スクール事業のほか業務委託を受けているフットサル場の管理等を行っている。

――松岡氏のサッカー人生

クラブ代表の松岡氏は、熊本県内のサッカー強豪高校を二〇〇二年に卒業後、ガソリンスタンドに就職し、当時日本サッカーリーグ（JFL）に参戦していたアルエット熊本（現ロアッソ熊本）にアマチュア選手として入団した。しかし、仕事をしながらサッカーを続けるという生活の中で、サッカーに対するモチベーションが続かず半年で退団し、高校サッカー部の同級生の親がオーナーを務める熊本県リーグの社会人チームに移籍した。その後、ガソリンスタンドを退職し食品スーパーに再就職したが、徐々にサッカーに対する思いが強くなり、スーパーでの仕事をアルバイトに切り替えてトレーニングジムに通いながら再度サッカー選手を目指し体作りに励んだ。その結果、二〇〇七年にJリーグ入りを目指しJFLに参戦していたロッソ熊本（現ロアッソ熊本）の入団テストに見事合格しプロサッカー選手となった。ところが、翌二〇〇八年にJ2リーグに昇格すると同時に解雇となり、プロサッカー選手としての生活は一年で終わってしまった。プロ選手としての一年間は、月額約一二万円の給料で、試合出場も一試合であったが、プロサッカー選手になれたことは今でも誇りであり、サッカー指導者としての財産になっているという。

プロサッカー選手としての契約が切れた後、いくつかの地域リーグのチームからオファーがあったが、母親が一人暮らしであり熊本を離れられないということ、また地元でサッカーの指導者になりたいという気持ちがあったことから、「まちクラブ」での指導者としての仕事を探していた。そのとき、二〇〇

アスフィーダ熊本が運営するフットサル場のクラブハウス

六年から菊陽町でサッカースクール事業を展開していたアスフィーダ熊本が、チームとしての事業化を担っていた専任職員が退職したため、その後任として松岡氏を代表兼指導者として迎え入れた。アスフィーダ熊本は、もともと熊本市内で活動していた少年サッカークラブであり、菊陽町では分校としてスクール活動を行っていた。二〇〇七年に、菊陽町の建設会社が熊本県内最大のフットサル場を建設し、集客のためアスフィーダ熊本にスクール会場として貸し出すこととした。同時に、アスフィーダ熊本のコーチたちを、フットサル場を運営していた建設会社の子会社で雇用した。二〇〇八年にフットサル場の運営子会社の社員として、アスフィーダ熊本の代表兼指導者となった松岡氏は、翌二〇〇九年にチーム登録を行った。松岡氏は、アスフィーダ熊本のクラブ運営とフットサル場の経営の両方を担うこととなったのである。松岡氏によれば、建設会社の社長は、特にサッカーに熱心ということではなく、余剰の土地を地域の子どもたちの活動の場として提供している感じであり、特にフットサル場経営として大きな利益を求められることはないということであった。

——NPO法人「スポーツコミュニティ」設立

その後、徐々にクラブ会員も増え、二〇一七年にはクラブを運営するNPO法人「スポーツコミュニティ」を設立した。コーチたちの所属もNPO法人へ変更し、フットサル場の業務を受託する形をとった。クラブの事務所もフットサル場の一区画に入居しており、事務所代と業務委託費が概ね相殺されるようになっている。NPO法人の理事には、建設会社の社長も就任したが、クラブ運営に対してはほとんど関わっていないということであった。

現在、クラブのコーチは、ジュニアユースを担当する松岡氏、A（三三歳）、B（二七歳）、ジュニアを担当するC（三四歳）、D（二四歳）と学生アルバイト（フットサル場スタッフを兼務）の六名となっている。コーチは全員、NPO法人と個人契約を結ぶ形になっており、社会保険への加入はなく自動的な昇給もない。ただし、松岡氏の配慮で、雑収入（遠征、大会開催、送迎など）の一部を、コーチ陣へ臨時的に支給することがある。NPO法人の理事会は年に二回程度開催され、事業報告や予算決算報告等が行われている。

クラブの収入源は、クラブ会費、スクール会費、遠征や送迎代などの雑収入、スポンサー料である。スポンサー料は、ユニフォームのネームスポンサー料（年間約五〇万円）のほか、居酒屋など八社からの協賛金がある。スポンサーに対する営業は、年度末の切り替え時に松岡氏が行っている。送迎代は、平日一回の利用で一五〇円、週末の遠征時には一〇〇〇円を徴収する。平日の送迎代については、運転手代やバスの維持費等にあてられる。クラブ員の会費は、練習会場が人工芝（フットサル場と熊本市にある私立大学のグランド）であることから、熊本県内の同規模クラブと比較して二割程度高い設定になっている。私立大学のグランドは、平日一九時から二一時まで週三回利用しているが、会場やナイター使用料は支払っていない。大学の総監督が、松岡氏の高校サッカー部時代の恩師という関係もあり、また、クラブ（NPO法人）が大学サッカー部のスポンサー的な役割を果たすということで使用が可能になったという。大学には付属高校があり、その下部組織としてジュニアユースを設立する話もあったが、現在はその位置づけをアスフィーダ熊本が担っている。

クラブ会員数は、キッズ及びジュニアは各学年一〇名程度、ジュニアユースは各学年二五名程度で、チームとしての実力は熊本県で「二番手グループ」にある。キッズ、ジュニアは菊陽町のフットサル場、ジュニアユースは熊本市の私立大学グランドで練習している。設立当時から「菊陽町のクラブ」として活動してきたが、ジュニアにおいても隣接の合志市や大津町から入団する者も多く、ジュニアユースに上がる段階でさらに多くの町外の子どもたちが入団してくる。地元菊陽町との間には特に関係はなく、総合型地域スポーツクラブや部活動の指導者派遣等で行政と話をしたことがあるが、これまで特に具体的な活動にはつながっていない。

現在のコーチたちの生活について、松岡氏は次のように語っている。

—全員が二〇〜三〇歳代で、なかには子どもがいる者もいるので、若いスタッフの将来のことを考えなければと思うようになった。実際、コーチの中にはすでにサッカーとは別の道を考え始めた者もいる。

これから少年サッカークラブのコーチを目指す人たちには「頑張ればできると伝えたい」と話す一方で、「若いうちは情熱だけで給料は安くてもやれるけど、結婚して子どもも生まれるとそうは言っていられない」と悩んでいた。クラブとしては、サッカー指導だけではなく、ＮＰＯ法人として新しい「仕事」を模索しているという。

3 バッサーレ阿蘇

本章で最後に取り上げるのは、熊本県阿蘇郡小国町で活動する「バッサーレ阿蘇」である。結論を先取りすると、本章のテーマである「職場」としての少年サッカークラブを目指しながらも「失敗」し、他の仕事で収入を得ながら活動を継続しているクラブである。

バッサーレ阿蘇が活動する熊本県阿蘇郡小国町は、大分県との県境にある農山村であり、人口減少、高齢化の著しい地域である。その小国町で大人も含め唯一のサッカークラブであるバッサーレ阿蘇を一人で立ち上げ、運営しているのが代表の河津氏である。本節では、河津氏のライフストーリーに沿う形で、クラブの歴史や運営について記述していくこととする。

河津氏は小国町で郵便局に勤める父とパート職員の母の間に長男として生まれ、小学校から高校まで地元の公立学校に通った。小学校、高校ではサッカー部に入っていたが、中学校ではサッカー部がなかったため陸上部に所属した。高校を卒業後、九州一円に店舗を構える大手スーパー（本部は熊本市）に就職し大分県に赴任した。職場では、昇格試験も異例の速さでクリアするなど仕事は順調であったが、入社三年目にスーパーが倒産し小国町の実家に帰ってきた。

――河津氏のライフヒストリー

それを機に、高校卒業後に辞めていたサッカーを再開し、隣の阿蘇市（車で四〇分程度）の社会人チームに加わった。地元に戻ってからは、小国町の中心地にある写真屋で三年間働きながら、自分のやりたいことを考え直そうとした。大手スーパーでの営業職時代に、知らない土地でいろんな人に良くしてもらった経験があり、人とつながらなければ何もできないと考えていた。しかし、「小国の田舎」にいてもそれは限られているので、もう一度小国町の外に出て人とつながる中で自分のやりたいことを探したいと思い、熊本市内で新たに「チャレンジ」することとした。

熊本市内に就職のあてがあったわけではなく、とりあえずは住居を熊本市内に移し、それから就職活動を行った結果、携帯電話の営業職に就くことができた。そこでも順調に営業成績を上げることができ、サッカーのほうも引き続き阿蘇市の社会人チームでプレーを続け充実した生活を送っていた。

そのようななか、二七歳の時に同じ職場の女性と結婚し、妻とともに小国町に帰ることとした。妻の実家は熊本市近郊の農業地域で、母親の出身地が小国町であったことから、「小国の田舎」に住むことに抵抗はなかったという。河津氏自身は、将来、子どもができたときに自分が育った環境で子育てをしたいという気持ちがあった。また、長くサッカーを続けてきた中で、小国町にはサッカーができる環境が少なく、特に小学生では部活動しかなく、子どもたちのサッカー環境を整えてやりたいと考えるようになっていた。

結婚後地元に戻った二〇〇六年、河津氏は町で唯一のスポーツ店に勤務することになった。スポーツ店のオーナーからは、「子どものころからよくしていただいており、帰ってくるんだったら、自分は蕎麦屋をやるので、スポーツ店のほうをやってくれないか」と誘われ、就職することとした。そして、スポーツ店に勤務する傍ら、少年サッカークラブ(当時は、FCバッサーレ)を立ち上げたのである。結婚後に小国町に帰ることを決めた時期から、地元の知り合いに、「今度帰ってくるので、子どもたちのサッカークラブを始める」と知らせ、新聞の折り込みチラシなどで入会案内を出していた。

——クラブの立ち上げ

クラブ発足時は、キッズのみを対象とし、小国中学校の体育館の夜間開放を利用することとした。立ち上げ時の会員は、保育園生が七名、一～三年生が一二名であった。平日の夜に週二回の練習を行い、保育園生二〇〇〇円、低学年三〇〇〇円を徴収した。小国町では、住民が組織する団体が学校体育施設を利用する際は減免措置があり、無料で施設を利用することができた。その後、順調に会員数が増え、最初に入会した子どもたちが高学年になるときに、二年間勤めたスポーツ店を退職し、知人の紹介で町内の老人福祉施設の介護職へ転職することとした。その理由は、老人福祉施設では土日祝日は基本的に休みで、サッカーに本腰を入れられると考えたからである。当時を振り返り、「幼稚園や低学年の子どもたちの活動をもっとできるかなあと思ったんですよ。もちろん生活もあるんですけど、基本、そこなんですよね」と語っていた。その頃、長女も誕生したが、サッカーに関わる時間を増やすために転職することについて、妻は特に何も言わなかったという。「小国町に帰るときにこういうことをしたいと伝えていたので分かっていたと思う」と語っている。家計については河津氏自身の給料だけでは厳しいため、妻が結婚後からすぐに町内でパート職員として働いていた(現在はＪＡ阿蘇)。温泉と林業以外は特に産業のない小国町でも、「いろんな人が紹介してくれる」ので何かしら仕事はあるという。住居は、小国町に戻ってきた際はアパートを借りていたが、長女が生まれてからは両親と同居している。

老人福祉施設に勤務しながらサッカー指導に本腰を入れ始めた当時(二〇〇八年)は、高学年も低学年と同じようにスクールとして活動した。熊本県では高学年から運動部活動が始まり、多くの子どもが部活動に入部するため、週二回(平日の夜間)の練習のみとし、試合には出場しない形で活動していたのである(月会費三〇〇〇円）。その後、隣町の南小国町や産山村から保護者が送迎して参加する子どもも出てくるなど、徐々にクラブとしての活動が定着していった。そこで、高学年のスクール活動が三年を経過した二〇一一年、クラブ員数が増加したこともあり、サッカー協会へチーム登録することとした。スクール会員の中には、部活動を優先したいとクラブを脱会する者もいたが、逆に意欲的な子どもたちも集まるようになった。翌二〇一二年には、活動拠点が小国町中心になってしまっていたことから、高学年の練習を週三回に増やし、うち一回をスキルアップトレーニングとして隣の南小国町で開催することとした（二〇一六年の熊本地震で施設が使用できなくなり、その後は小国町で開催している）。スクール開設時から各学年に数名の南小国町の子どもたちが在籍していたので、移動の負担を軽減させてあげたいということで、小国町の保護者の理解を得て実施することとした。

――総合型地域スポーツクラブとして

当時、小国町では総合型地域スポーツクラブ（以下、総合型とする）の設立準備が進められていた。そのようななか、総合型のクラブマネージャーを務めていた親戚の男性から、バッサーレ阿蘇を総合型に組み入れ、河津氏にもクラブのサブマネージャーに転職するように勧められた。給料はｔｏｔｏの助成金の範囲となるのでこれまでよりも少なくなるが、老人福祉施設以上にサッカー指導に本腰を入れられることや、町の他のスポーツクラブやチームの運営状況なども知ることができることから、ｔｏｔｏの創設支援期間（五年間）の二年目の二〇一三年から総合型の構成団体として活動することとした。その際、クラブ員の負担が増えないように、これまで徴収していた入会金一五〇〇円と年会費三〇〇〇円を総合型地域スポーツクラブにそのまま納入し、総合型の会費に充てることにした。河津氏本人は、二人目の子どもも生まれたばかりで家計も苦しくなったが、総合型の仕事の合間を縫って、地元温泉街のお風呂掃除のアルバイトをして補っていた。

ところが、四年目の二〇一六年にｔｏｔｏの助成金が終了することもあり、サブマネージャーの仕事を辞めることとした。河津氏自身の給料は、総合型が町の体育館の管理委託を受託することで捻出することが可能であったが、総合型の中でバッサーレ阿蘇を運営することに疑問を感じ、再度、少年サッカークラブとして独立して活動することとしたのである。総合型のクラブとして活動することについては、小国町の中で公認されることや自分自身がマネージャーとして指導に専念できることなどのメリットはあったという。しかし、子どもたちのメリットは何かと考えた場合、チームとして強化遠征に出かけたり、クラブ内の交流を図ろうとしたりしても制限されることのほうが多いと感じていた。加えて、「総合型に四年間いて、結局、総合型の方向性が見えなかったんですよ。行政も何をしていいのか分からなかった」ということも理由の一つであった。

――再就職とクラブの現状

総合型を退職すると決めた後に、同じ総合型のバドミントンの指導者で森林組合に勤める男性から、森林組合で求人（地籍調査）を出しているので応募しないかと誘いを受け、就職することとした。しかし、総合型のマネージャーとして新規に開拓した事業（保育園での巡回運動指導）を担当する者がいなかったため、森林組合には一年間待ってもらうこととした。そのため二〇一七年は、知人にアルバイト先として紹介された隣村（大分県）の製材所で、サッカー指導と保育園指導のない時間帯で働くようになった。そして、この年に、それまで受け取っていなかったバッサーレ阿蘇からの指導料を受け取ることとした。また、小国町の子どもの数が急激に減ってきたため、活動エリアを南小国町や阿蘇市まで広げ、クラブ名をバッサーレ小国から阿蘇へと変更した。しかし、実際にはあまり効果はなかった。その理由の一つとして河津氏は「今も昔と変わらず、小国と南小国は対抗意識が強いので、親がクラブに入れたがらない」と語っていた。

子どもたちに指導する河津氏

二〇一八年、小国町に戻って五つ目の職場となる森林組合で働き始め、バッサーレ阿蘇の運営も一三年目を迎えた。現在のバッサーレ阿蘇の運営状況は次のようになっている。会員数については、過渡期にある。一〇〇名を超えてピークとなった二〇〇八年以降減少し、二〇一八年は四九名となっている。六年生が一五名（小国一〇名、南小国四名、産山一名）と最も多いが、五年生は二名（小国、産山各一名）、四年生九名（小国六名、南小国二名、産山一名）、三年生四名、二年生四名、一年生四名、保育園年長一〇名、年中一名となっている。現六年生が卒団すると会員数も激減するが、河津氏は「今は仕事がメインになってきているので厳しいが、子どもたちの活動は継続させてあげたい。減らすことは絶対にないようにしたい」と語っている。

会費については、二〇一七年にクラブ名を変更した時に値上げし、高学年（四〜六年）月五〇〇〇円（週三回）、低学年（一〜三年）が四〇〇〇円（週二回）、幼稚園が一〇〇〇円（週二回）とした。高学年については、土日祝日についても学校行事がないかぎり公式戦や練習試合を組んでいるため、ほぼ週五日の活動となる。熊本市（八〇〇〇円〜一万円程度）と比べると低価ではあるが、小国町ではかなり抵抗があるという。その現状を以下のように語っていた。

週五回で五〇〇〇円は高いと地元の人は思っている。週に何回活動があっても月謝という考えなので、月謝五〇〇〇円は高いと感じている。でも、ピアノも五〇〇〇円だけど週二回、英語だと週一回で五〇〇〇円。それに対しては高いと言わない。スポーツに対してはちょっと違う。小国町の子どものバスケットボールだと月五〇〇円（週二回）。バドミントンだと週四回あって、一回一〇〇円の参加費。なぜサッカーだけそんなに高いのかと言われる。

クラブの予算決算については保護者会総会（年一回開催）で必ず報告し、繰越金が出た場合、次年度スタート時の登録費や保険代などの活動費にあててきた。現在の月会費収入は二〇万円弱で、多い年には月四〇万円ほどあったが、これまで積み立ててきたお金はない。指導者七名（二〇代二名、三〇代五名）には、交通費として一回五〇〇円、週末は三〇〇〇円を払っている。七名のコーチたちは全員が小国町で仕事をしており、特にサッカー仲間ということではないが、知り合いの紹介等で集まってきた人たちだという。

現在の森林組合での仕事とクラブでの指導について河津氏は、「仕事は、定時で終わることはないが、月火木はサッカーの指導があることは分かってもらっているので、融通をきかせてもらっている。そのかわり、水金はできる限り残業してでも仕事を終わらせるようにしている」という。そして、「少額ではあっても、指導料をもらっているので、ボランティアとは思っていない。責任もあるので、指導も運営もきちんとやりたいと思っている」と少年サッカークラブの経営者としての自負をのぞかせていた。

4―指導者たちと社会

本章では、三つの少年サッカークラブの運営実態について記述してきた。最後に、指導者たちはどのような社会関係のもとで、「職場」としての少年サッカークラブを運営しようとしているのか、そのことを検討し、まとめとしたい。

いわゆる商業的なクラブであるブレイズ熊本およびアスフィーダ熊本と、地域のクラブであるバッサーレ阿蘇では、その経営的立場は異なる。そこで、まず前者の運営の特徴について整理してみよう。ただし、サッカー指導というサービスを提供し、クラブ員を確保するという点では三つのクラブに違いはないということは確認しておきたい。

——サッカー人脈

第一に指摘されるのは、野元氏、松岡氏ともに自らの歩んできたサッカー人生で築き上げてきた「サッカー人脈」の存在によって、継続的なクラブ運営が可能になっているということであろう。両者がともに口にするように、サッカー指導者で「飯を食うこと」も「少年サッカークラブで利益を上げる」ことも非常に難しい。そのため両クラブでも多くのコーチたちが離れていった。しかし、それを補うように次から次へとサッカー指導者を目指す若者が集まってくる。歴史のあるブレイズ熊本はすでにＯＢコーチが「大活躍」しているが、アスフィーダももうじきそうなることが予想される。そして、そのＯＢコーチたちの中には、少年サッカークラブを自らの職場として選択する若者が現れるのである。コーチの再生産機能とも呼ぶべきこの働きによって、日本の少年サッカークラブの運営は成り立っているのである。

身近な資源の利用

次に、「儲からない」少年サッカークラブの運営に、大手の資本が利益追求のために参入することは少ないということである。いずれのクラブも、必要な運営資金を確保するのに苦戦している。しかし、身近にある資源をブリコラージュ的に利用することで、どうにかクラブ運営を維持してきた。クラブ運営のために意図的に確保した資源ではなく、偶発的に存在した環境や関係を利用してきたのである。ブレイズ熊本であれば、東亜建設工業の残した小さなグランド、熊本でいち早くJリーグを目指したトップチームのネームバリュー、阿蘇郡波野村のグランドと合宿所などであり、アスフィーダ熊本であれば、建設会社社長との関係やフットサル場、恩師が監督を務める私立大学サッカー部との関係である。

地域を超え、地域に留まる

最後に、クラブと地域社会の関係がある。熊本県に限らず、全国的に子どもの数が減少する一方で、少年サッカークラブ数は増加している。会員増＝収入増という原則の中で、激しい会員獲得競争を生き抜くためには、市場（地域）を拡大するしかない。そのため、両クラブとも、送迎バスを運行させ、複数の地域で会場を確保するという方法で、地域という枠組みを乗り越えようとしていた。しかし、ここで注目すべきは、設立時から長く活動を続けてきた地域からは決して離れないということであろう。アスフィーダ熊本は熊本市内の大学のグランドがメインの練習会場になりつつあるが、菊陽町に事務所を置き、キッズの指導に当たっている。ブレイズ熊本も熊本市東部地区にある小さなグランドを手放すことなく利用している。商業的な論理でいえば、子どもの数の多いところやグランドなどの環境の良いところへと市場を移していくことが当然である。しかし、野元氏や松岡氏は、少年サッカークラブ（＝スポーツクラブ）にとってその存立基盤となる「地域性」が重要であることを感じ取り、当該地域に市場価値が無くなりつつあっても「本拠地」を変えることはないのである。

――地域性の制限と強み

さて、ここまで指摘した両クラブの運営の在り方については、地域のクラブであるバッサーレ阿蘇にも共通する部分もあるが、いくつか異なる点もある。たとえば、「サッカー人脈」については、河津氏自身は熊本や阿蘇でサッカーの競技実績や指導経験が豊富なわけではなく、野元氏や松岡氏のように活用できる「サッカー人脈」は存在しない。代わりに彼は、「地域の人脈」を頼りに、クラブ運営が可能な職場を次から次へと渡り歩いてきたのである。妻と子ども三人の生活を守ると同時に、少年サッカークラブと共にある自分の生活を守ってきたのは「小国の田舎」の人脈だったのである。また、地域との関係についていえば、近隣の南小国町や阿蘇市への拡大は模索しつつも、自分が生まれ育った小国町で子どもたちを教えたいという気持ちで始めたクラブであることから、その拠点を小国町から変えることはない。会員の確保や会費の設定などにおいては、「小国の田舎」という「地域性」によって大きく制限されている。

ところが、この制限された地域だからこそ、彼の活動は地域の人たちに認知され、それを支援する人たちが現れているともいえるのではなかろうか。つまり、バッサーレ阿蘇は、小国町という地域に規制されつつも守られているからこそ、持続的な運営が可能になっているということである。

［第5章］
強豪クラブ総監督から「自分のクラブ」実現へ

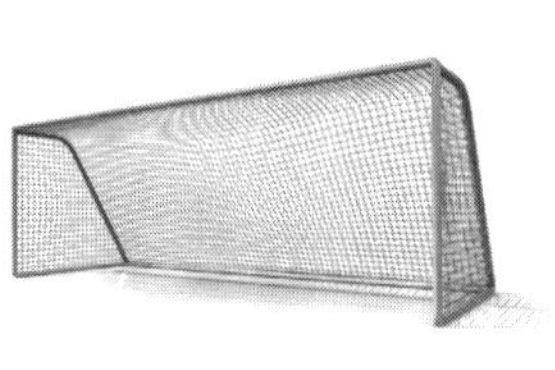

DURO（ドゥーロ）調布は活動を開始して二年目の少年サッカークラブである。なぜ、そのような活動歴のないクラブを取り上げるのか。その理由の一つは、このクラブを設立し運営している指導者が、日本の少年サッカーのメインストリームで活動してきたにもかかわらず、「まちクラブ」の指導者として独立を目指した点にある。もう一つは、設立の準備期間も含めクラブの「今」を記述することで、少年サッカークラブの設立過程の実体に迫ることができると考えたからである。

1 — 大嶋康二氏のサッカー人生

DURO調布の代表を務めるのは大嶋康二氏（四四歳）である。大嶋氏がサッカーを始めたのは、小学校四年生の終わりごろであった。当時、通っていた東京都調布市のW小学校で活動していた少年サッカークラブでは、四年生から入部することが可能であったが、同級生よりも遅れて入部した。二歳年上の兄もWサッカークラブで活動していたが、大嶋氏が入部するころには中学受験のため退部していた。Wサッカークラブは、ブロック予選を勝ち抜き都大会に出場することはまれであったが、なかには実力のある選手も在籍し、東京都代表に選出される選手もいた。大嶋氏もその一人で、小学校卒業後には、サッカー選手育成の名門である東京ヴェルディ（当時は読売サッカークラブ）のジュニアユースにセレクションを経て入団した。

Wサッカークラブの時には、サッカー選手になることを夢見たり、毎日サッカーに没頭するということもなかった。両親もそれほど熱心ではなく、雨が降れば風邪をひかせたくないという理由で練習を休ませていたという。中学校進学後は部活動でサッカーを続けるつもりでいたが、東京ヴェルディのジュニアユースのセレクションをWサッカークラブの同級生みんなで「記念受験」した。結果、大嶋氏一人が合格したが、「昇格」してくるジュニア（小学校）チームは全国大会で優勝しており、いきなりトップクラスのチームに入団することになったのである。数回に分けてセレクションが行われたが大嶋氏が受験した回は一二〇名ぐらいが受験し三名の合格者しかいないほどの競争率であった。合格の理由を大嶋氏に尋ねると「早熟だったからじゃないですか。体でかくて、早くて」と答えていた。当時を振り返り、「今の時代であれば、早熟だからこの先行き詰まるだろうと判断されるだろうが、そのころの読売クラブはいろんなタイプの選手がいたからじゃないかな」と語っていた。

――ジュニアユースの厳しい「自然淘汰」をクリアして

ジュニアユースでは、同学年に三〇名ほどが在籍したが、競争についていけなかったり人間関係で悩んだりで練習に来なくなり「自然淘汰」されていったという。当時は、部活動と比較してクラブチームの数も少なく、各学年ごとの公式戦がなかったため練習試合やフェスティバルに参加していた。いわゆるAチームは三年生が中心となるが、実力次第で下位学年からも引き入れられていた。大嶋氏は、卒業までAチームはおろか各学年のレギュラーチームにも入れなかったという。ユースへ昇格する際は、現在のような「選考」や「セレクション」はなく、ジュニアユースで最後まで続けた選手は全員が昇格した。それはユースへの所属が容易であるということではなく、厳しい「自然淘汰」をクリアした選手だけに与えられる「資格」ということである。「厳しい競争に耐えられる選手」という条件を満たしているということであり、実際に三〇名ほどいた同学年の選手は、ユース昇格時には一五名を切っていたという。

ユースでは高校三年次にレギュラーとなり、高校サッカー部とクラブチームの日本一を決定する「高円宮杯」に出場し、決勝戦まで勝ち進んだ。高校は八王子市にある学校に通っていたため自宅の調布市から八王子市に電車と自転車で通学し、放課後はそのまま練習会場の稲城市まで電車で通っていた。通常の練習では、夕方五時ぐらいから少しずつ選手が集まり始め、読売クラブ恒例の「鳥かご」をやりながらある程度人数が集まり次第、練習が始まる感じだったという。練習を終え、調布市の自宅に戻るのは一一時過ぎとなることがほとんどだった。練習には、トップチーム選手が練習に参加することもあり、当時日本代表だった都並敏史氏も一緒に「鳥かご」に加わることもあったという。そのような関係もあり、今でも都並氏が開催する少年サッカースクールのイベントには大嶋氏もスタッフとして加わることがある。ちなみに、「鳥かご」とは、四〜六人が一〜二人の守備者を囲んでボールを取られないようにパスを回す練習のことで、守備者を「鬼」に見立てて「鬼まわし」ということもある。正式な練習としてではなく、「遊び」やウォーミングアップとして行う場合も多い。

――高校時代にコーチを目指す

一九九三年、大嶋氏が高校二年生の時にJリーグが開幕し、サッカーブームが到来した。当時のユースのチームメイトの中から七名がトップチームに昇格し、プロサッカー選手となった。三年次に在籍していた選手は一一名だったので、ほとんどがプロの道に進んだといえる。そのようななか大嶋氏は、高校二年生のころから、将来はサッカーコーチや教員になることを考え始めていた。いくつかの強豪大学への推薦入学も検討したが、指導者の勉強ができる体育学部へ入学できるということで、国際武道大学への進学を決めた。大学では四年間千葉県リーグでプレーし毎年優勝したものの、関東大学リーグ二部への昇格は叶わなかった。当時の国際武道大学サッカー部からは卒業後もＪＦＬ(日本サッカーリーグ)などでプレーを続ける選手もいたが、大嶋氏は在学時から指導者の資格を取得し、サッカーコーチを目指した。

卒業後は、関東地域で幼児体育から少年サッカースクールまで幅広く手がける大手の会社に就職したが、二か月ぐらいで退職した。就職後すぐに、同じスクールの先輩コーチが会員を引き抜いて独立するというトラブルに巻き込まれたことが大きな理由であった。退職後、次の職の当てがあったわけではないが、東京ヴェルディの関係者に状況を報告する中で、球団の総務のアルバイトを紹介され半年間働いた。この間は、週二〜三日は東京ヴェルディの総務と近所のケーキ屋さんのアルバイトなどで生活していた。当時を振り返り、「さすがにこのままではどうしようと本気で考えた」という。そして、偶然、翌年にジュニアのコーチのポストが一つ空くことになり、週三日のアルバイトではあったが、サッカーコーチとしてのスタートを切ったのである。同時に、母校の私立高校非常勤講師（保健体育教諭）としても採用されサッカー部のコーチも兼任した。

――サッカーコーチに専念

その後は、徐々に東京ヴェルディのコーチの仕事が増え、高校の非常勤講師は三年後に退職し、少年サッカーコーチの仕事に専念した。この時期に、サッカー指導者として「飯を食っていこう」と決断し、将来は地元（調布市）で、自分の少年サッカークラブを持ちたいと考えるようになった。そして、「いつまでも実家暮らしではだめだ」と思い、東京ヴェルディの専任コーチとなったのを機に、クラブの寮に住むこととした。寮には一年間住んでいたが、二八歳で結婚し、妻(看護師)の勤務地である横浜に住むこととなった。

専任契約コーチとしての給料は、アルバイトコーチと非常勤講師の給料の合計と同じぐらい(三〇万円程度)であった。生活するには充分であったが、ボーナスや保険もなく、貯金もなかったので、当時から「不安定さ」を実感していたという。ユース時代の恩師も、二〇年以上も勤めながら退職金などもなく、その待遇の厳しさを身近に感じていた。大嶋氏も契約コーチという身分であったが、妻の看護師としての収入があったため、実際に生活に困ることはなかったという。

高校の非常勤講師を退職し、東京ヴェルディのコーチに専念する頃には、サポートコーチから一つの学年を担当するコーチの立場へと変化した。四名の監督の下で学年担当コーチを経験し、九年目にジュニアの監督に昇格した。その後三年間(三四歳まで)東京ヴェルディでジュニア(二年間)及びジュニアユース(一年間)の監督を務めた。この間の教え子たちの中には、現在、日本代表や海外で活躍している選手たちが数多くいる。

――強豪クラブ総監督として

二〇一一年(三五歳)に、東京ヴェルディのトップ選手(元日本代表)として活躍したM氏が運営する世田谷区のTクラブに、出向（東京ヴェルディに籍を置いたまま）という形で総監督に就任した。実際には、その年に東京ヴェルディと初めての三年間の複数年契約（Jリーグの下部組織のコーチの多くは単年契約）を交わしており、二年間の出向でTクラブに行って指導者としての研鑽を積んで欲しいとの依頼であった。この時、給与面も良くなったが、「本当に必要だったら、出向させずに（東京ヴェルディに）残すだろう」（括弧内は筆者）という思いがあり、東京ヴェルディとも契約せず他のチームに移ることも考えたという。そしてこの頃から、さまざまなクラブを渡り歩く先輩コーチの姿をみて、「地元で自分のクラブ」を持つという気持ちも徐々に強くなっていった。

Tクラブでは、八年間（四三歳まで）総監督として主にジュニアのチームの指導に携わった。東京ヴェルディとは三年契約で二年間の出向予定であったが、一年間延長（東京ヴェルディとの契約も）され、さらに、出向三年目が終了した時も一年間の延長を申し入れられた。結果的に四年間Tクラブに在籍した後に、東京ヴェルディへの復帰を打診されたが、それを断った。当時の心境を、「完全にモノ扱いのような感じがして嫌気がさしていた」と語っている。この時に、Jクラブのコーチではなく、「地元の自分のクラブ」で指導することを決心したという。Tクラブからは、そのまま専属のコーチ（総監督）として来てほしいと打診されたが、将来「地元で自分のクラブ」を持つことになれば近隣地域なので迷惑をかけるかもしれないのでと伝えた。しかし、Tクラブからはそのこと自体「応援する」という言葉をもらい、「地元で自分のクラブ」を持つための準備期間としてTクラブの総監督を継続することとした。

――サッカーコーチの生活への疑問

その後四年間、Tクラブの専属契約で総監督として活動し、結局、東京ヴェルディのアルバイトコーチから始まり約二〇年の間、強豪クラブの指導者としての道を歩んできた。この間、特に「個性の強い」東京ヴェルディの指導者をみて、指導技術や知識など多くのことを学ぶ一方で、サッカーコーチとしての生き方を客観的に捉えられるようになったという。また、Tクラブでは、「地元で自分のクラブ」を作るために経営のノウハウ等も学びたいと考え、意識して運営に関わる情報に触れるようにしていた。これまでのコーチ生活では、一週間に一日の休みと年末年始及びお盆の時期に少しだけ休みが取れる程度であったため、土日に妻と出かけることも、子ども(三六歳の時に長男誕生)との時間を作ることも難しかった。そのような経験を踏まえ、「サッカーコーチとしての生活」のあり方と同時に「家族との生活」についても考えるようになったという。

こうして、二〇一七年に「地元で自分のクラブ」を作り、「サッカーコーチとしての生活」を改善するために本格的に動き出すことになった。出身のWサッカークラブの恩師に紹介された少年サッカークラブの運営経験のあるG氏に相談し、DURO調布設立に向けた準備を始めたのである。

2　地元で自分のクラブを——DURO調布の設立

レディースフットサル教室

二〇一七年にG氏に相談したあと、二〇一九年にDURO調布のスクール部門がスタートすることになるが、二〇一八年まではTクラブの総監督という身分のままクラブ設立の準備を始めた。まず、地元小学校の学校開放を利用し、地域の子どもや大人を対象にしたフットサル教室を開始した。厳密にフットサルのルールを用いるのではなく、いわゆる「ミニサッカー」として、メンバーによって人数やルールを変更しながら、参加者の交流や楽しみを目的に活動を始めた。二〇一八年はTクラブの総監督を継続していたため、G氏と東京ヴェルディコーチ時代の教え子に指導を依頼した。ワンコイン（五〇〇円）の教室で、次年度スタートするスクールのPRと地域の「応援団」を作り上げるための取り組みでもあった。口コミで徐々に広がり、毎回子どもは四〇名近く、大人も二〇名以上が参加するようになった。このフットサル教室は現在（二〇二一年）も継続しており、会員のなかからDURO調布のスポンサーになったり、子どもをクラブに入会させたりする親も増えるなど、地元の「応援団」作りに成功しているといえる。毎週火曜日の教室として開催しているが、女性だけの「レディースフットサル教室」や人工芝での一一人制のサッカーの試合などのイベントも開催している。また、学校開放利用団体として登録しているため、地域の運動会や夏祭りのお手伝いに参加するなど、クラブと地域をつなぐ重要なツールとなっている。

――家族との暮らしのバランスを

翌二〇一九年には、Tクラブを退職し、正式にDURO調布を立ち上げスクール部門をスタートした。当然、すぐにクラブ収入があるわけではないのでG氏に相談し、クラブの設立・運営を支援し、大嶋氏を雇用してくれる企業を探した。そこで、東京進出を検討しサッカーへの理解のあるS社(ビルメンテナンス会社)を紹介され、入社することとした。S社は大嶋氏を、サッカーを中心事業とする東京営業所の社員として雇用した。給与はTクラブの時より減少するものの、「地元で自分のクラブ」を作ることに一歩踏み出すことができたのである。当初は、G氏に相談する以外も、地元調布のサッカー関係者にも相談し、大学や少年サッカークラブへの派遣コーチの仕事を紹介されていたが、Tクラブを辞めるという決断をするためには、「生活の安定」ということは外せない条件であったという。妻と子どもとの生活を維持するという範囲の中で、S社の社員としてサッカークラブを作るという選択をしたということである。

大嶋氏が地元にこだわる理由は「単純に調布が好き」ということであった。そして、「僕は転々とするのが嫌だったので、そして家族とも一緒にいたいし、だからJリーグのチームもやめようと思ったんですよ」と語るように、氏の「土着」の志向性がうかがえる。実際に、フットサル教室で加わった学校開放団体の会議や行事にも積極的に参加し、地域の関係性の中でクラブを運営しようとする姿勢がみえる。大嶋氏にとって、「自分のクラブ」を作るうえで、「地域」と「家族」が重要な要件となっていたのである。

――「サッカーだけで飯を食いたい」は非現実

一年間のスクール活動の期間中には、学校開放団体（フットサル教室）以外にも、S社のある九州への遠征事業、川崎市の放課後の児童クラブへの指導者派遣事業、W小学校への指導者派遣事業、ジュニアユースチームへのコンサルタント事業などにも取り組んできた。クラブ設立時から、このような直接的なサッカー指導以外の多様な収入源を確保しようとする理由には、大嶋氏がこれまでのクラブコーチとしての経験から得た以下のような考えがあったからである。

若い指導者の中には、サッカーだけで飯を食いたいという者もいて、現実が分かっていない。二〇年近いコーチ業の中で多くの仲間や先輩を見てきて、いつまでも安い給料でアルバイトをしながら生活している人や、突然コーチをやめてサッカーとは全く関係のない仕事を一から始める人もいた。地域との関わりや、お金にならないけどやらなければいけないことと、確実な収入源としてやらなければいけないこと、そのバランスをしっかり考えていきたい。今後社員コーチが新たに加わったときに、基本的に自分とこれから一緒にやろうとする人は、サッカーメインでそれしかやらないという人は一緒にやれないと思う。

――チーム設立への布石

中心事業の一つであるスクール事業については、月曜日と水曜日に調布市の民間フットサル場を借りて開催している。月曜日に二～四年生クラスと五・六年生クラス、水曜日に幼児クラス、一・二年生クラス、三・四年生クラスの計五クラスを開設している。会費は、入会金五〇〇〇円、年会費一万二〇〇〇円、月会費（週一回）は幼児五〇〇〇円、一～四年生七〇〇〇円、五・六年生八〇〇〇円となっている（一～四年生の週二回は一万二〇〇〇円）。二年目の二〇二〇年には定員（各クラス二〇名）全体の充足率は六〇％程度となり、水曜日の三・四年生クラスではキャンセル待ちが続いている。指導は、大嶋氏のほかに、二〇二一年からS社の社員として専属コーチとなったO氏が担当している。この定期スクールに加え、夏休みや冬休みの短期スクールも開催している。調布市の公共施設を利用し、技術テーマ別のスクールとして毎回キャンセル待ちが出るほど好評となっている。

スクール生の九州遠征の様子

また、二年目のチーム設立（サッカー協会登録）を視野に、スクール生の対外試合や九州遠征などにも取り組んだ。対外試合では、大嶋氏のこれまでのサッカー人脈を活用し、Jリーグの下部チームも含めさまざまなレベルのチームと対戦した。九州遠征では、サッカーだけでなく、観光や自然体験も盛り込み、九州の強豪チームとの対戦も組まれた。このような魅力ある活動をPRすることでチームへの加入を促したのである。

――JFA登録の役員面談で

二〇二〇年四月からJFAに登録し、いよいよチームとしての活動を開始することとなった。スクール生の状況や近隣の他チームとの兼ね合いもあり、四年生以下のチームとして募集することとした。活動地域に競合するクラブがある場合、選手の移籍などに関してトラブルが生じることがある。大嶋氏は、長年のコーチ経験の中で、そのようなトラブルを目の当たりにしてきた。そのため、既存クラブとできる限り良好な関係を築きながらチーム活動ができるように配慮したのである。二〇二〇年一月に調布市の集会場でチーム設立の説明会を開催し、二年生四名、三年生六名、四年生四名の一四名でスタートすることとなった。

JFAへの登録については、調布市の少年サッカー連盟及び東京都少年サッカー連盟第九ブロック（調布市、三鷹市、武蔵野市、狛江市）の役員の面談を受けなければならない。面談では、選手、スタッフの数や練習会場などチームとして継続した活動が可能かどうか問われる。一年間スクール活動を行ってきたこと、

チーム設立説明会

四年生からのスタートであることなどを説明し、理解を得た。また、地域的に競合する大嶋氏の出身クラブであるWサッカークラブとの関係についても問われ、恩師である指導者たちにも理解してもらっていることや、指導派遣などの協力関係があることを説明した。役員たちは、大嶋氏のサッカーコーチとしての経歴についても把握しており、「なぜ、大きなクラブでのコーチ実績もあったのに、わざわざクラブを作るのか」といった質問もあった。それに対して大嶋氏は、「地元で自分のクラブ」を作りたいということと、これからサッカー指導者として生計を立てていこうとする若い人たちのモデルとなるような取り組みをしたい、と回答した。チーム設立が認められ活動を開始すると同時に、大嶋氏は調布市のトレセン活動にも積極的に協力するなど、徐々に近隣地域におけるサッカー人脈を構築しつつある。

──適正な規模をさぐる

チームとしての活動は毎週火曜日と土日に行われる。入会金、年会費はスクールと同じで、月会費は一・二年生一万円、三・四年生一万二〇〇〇円、五・六年生一万三五〇〇円となっている。火曜日の練習は、スクールと同じ調布市の民間フットサル場を借りて行っており、土日は基本的に対外試合となる。一四人でスタートしたチームも、年度途中の加入もあり、二〇二〇年は一年生から四年生まで二〇名が在籍した。チームの人数について大嶋氏は次のような考え方を持っている。

サッカーだけの指導を考えたら一学年一六人ぐらいが適正だが、会費のみをクラブの収入源とすると三〇人ぐらいは必要。しかし、三〇人いると指導の質は落ちるし、子どもの満足感は低下するので結果的に会員減少につながる可能性がある。二〇名程度が限度で、そこからクラブの経営を考えると、多様な収入源と安価な人件費で信頼のおけるＯＢコーチを確保することも、重要だと思う。

調布市の大会で初出場初優勝

二〇二〇年は、民間フットサル場の使用料や新しいスタッフ（Ｏ氏）の人件費等の固定経費が会費収入やイベント収入を上回っており、さらに新型コロナウイルス感染症拡大の影響による活動自粛（会費返還）もあり、赤字経営となった。しかし、徐々にチームの活動が認知されるようになり、スクール会員や次年度のチーム加入の希望が増えつつある。また、二〇二〇年に唯一開催された調布市の大会に出場し、初出場ながら四年生は優勝、三年生は準優勝を遂げること

フットサル教室で男性に挑む女性プレイヤー

ができ、大嶋氏自身も「比較的順調なスタートが切れた」と実感している。二〇二一年度からは、チームの人数が増えることを想定し、練習場やアルバイトコーチの確保を計画している。

——サッカー人生で身につけたフィロソフィー

ここまで、〝雇われコーチ〟から「地元で自分のクラブ」を作り上げつつある大嶋氏の取り組みを確認してきた。Jリーグの下部組織のアルバイトコーチ時代から、有名な「まちクラブ」の総監督を経験する中で感じてきたことを形にしつつあるといえる。もちろん、自分のクラブを持つということは、自分のサッカーを伝えたい、あるいは優秀なサッカー選手を育てたい、ということがその根底にあることは言うまでもない。一方で、家族との生活を維持し、安定したクラブ経営を行っていくためには、一人でも多くの会員を集めることが求められる。一学年二〇名という目標にはまだまだ届かないが、少しずつ知名度を上げ、会員数を増やしている（二〇二一年には四〇名を超えた）。大嶋氏への聞き取り調査を通して感じることは、これまでのサッカー人生を通して確立した、サッカーにおけるフィロソフィーを大事にする、という強い意志である。それは、パスサッカーや攻撃的サッカー、あるいはグローバルスタンダードというような〝流行〟のスタイルではない。「自分の判断でプレーする選手」を育てるということであり、そこにプレーの具体像はない。同時に、大嶋氏は子どもたちにことあるごとに「状況を見ろ」と口にする。サッカーの場面だけでなく、日常的な行動においても、どのようなプレーや行動が適しているのかを子どもたちに問いかけるのである。自分がやりたいプレーや行動は、周囲の状況に適したものでなければ意味がないというのである。相対的に自立していることを自覚するということのような感覚は、大嶋氏のクラブ経営にも反映されている。単なる経営体としてDURO調布を運営するのではなく、活動する地域や少年サッカー連盟、そして他の少年サッカークラブとの関係性の中で活動を成立させようと試みているのである。W地区での学校開放団体（フットサル教室）としての活動や、他クラブへのコンサルティング、放課後学童クラブへの協力など、クラブとしてさまざまな活動に取り組むことで、経営の安定化を図ろうとしているのである。

3 — 生き抜くために——「モノとカネ」「人と暮らし」のバランス

大嶋氏は、ジュニアユース（中学）、ユース（高校）と全国のトップレベルのチームに所属していたが、レギュラーとして活躍したわけではない。しかし、激しい「自然淘汰」が繰り広げられる環境に身を置き、そこで生き残ってきたのである。大学進学時から指導者の道を意識し始め、卒業後に東京ヴェルディで学年担当コーチとして契約した時から、少年サッカー界で生き抜いていくことを決心した。選手時代、そして約二〇年間のコーチ業において常に「競争」の場に身を置いてきたのである。その中で彼は、自身を成長させること、あるいは他者を上回ることで生き残ってきたわけではない。早熟だった自分の実力を早くから関知し、自分の可能性とともに限界を見極めたうえで競技を続けてきたのである。そのことは指導者になってからも同じであり、サッカーの指導者として生きていくということが自身の指導能力や指導理念だけで可能になるとは考えていなかった。それは、先輩コーチや若いコーチたち、少年サッカークラブに携わる者たちの経済的不安定さと先行きの不透明さを目の当たりにしてきたからでもある。その中で、どうにか家族を養いながら「サッカーのある生活」を維持できたのは、サッカー指導者としての「上昇」志向ではなく、生活そのものの「安定」化を図ってきたからであろう。サッカー指導者として実績を上げることで生活を「上昇」させるのではなく、サッカーを含むさまざまな生活局面で紡がれる社会関係を維持することで「安定」させてきたと考えられる。だからこそ、〝雇われコーチ〟として「完全にモノ扱いのような感じがして嫌気がさした」ときに、「地元で自分のクラブ」をつくり、若い指導者たちのモデルとなるような取り組みをしたいと決心したのである。

――流動ではなく定着を

DURO調布の調査過程で、大嶋氏のまわりに多くの「応援団」がいることに気づかされる。大嶋氏が意図的に作り上げていこうとしているのかは定かではないが、さまざまな社会関係のなかから「応援団」

が現れてくる。強豪クラブに所属した選手時代、〝雇われコーチ〟時代、そして有名まちクラブの総監督時代、さらに「自分のクラブ」を作り上げている現在も、その時その時に成立する社会関係を可能な限り維持してきた。そこから、スポンサーや子どもを入会させる親たち、指導を手伝いに来る教え子たちのようなさまざまな「応援団」が現れてくるのである。学校開放団体として活動する「フットサル教室」は、DURO調布の直接的な経営資源にはなっていないが、活動の拠点としているW地区の地域関係の中にDURO調布を定着させる機能を果たしているように見受けられる。開放委員会の会議には、大嶋氏が小学校時代から地域の世話をしていた人たちや同級生も参加していることもあり、夏祭りや地域運動会の手伝いなどを通して、「地元」で少年サッカークラブを始めたことが徐々にW地区の中で認知されるようになった。

大嶋氏は、流動生活を前提とする〝雇われコーチ〟から、地域に定着した生活を前提とする「自分のクラブ」づくりに取り組んでいる。現代社会におけるスポーツは流動化し、スポーツに関わる人びとの生活もまた流動化している。高校野球やサッカーにおける越境入学、あるいは海外移籍などはそのことを端的に表している。しかし、少年サッカークラブは、子どもを対象とすることから必然的に地域が一定程度限定される。もちろん、モビリティの発達に伴い、広範囲な地域を対象とするクラブも存在するが、多くのクラブは活動する地域社会との接点を少なからず有している。経済的行為として考えるならば、活動エリアを広げ、地域性をなくすことがクラブの「拡大」につながる。しかし、大嶋氏は、あえてW地区、調布市という地域にこだわり、クラブの「安定化」を図ろうとしたのである。現時点では、それが成功しているかどうかは定かではないが、大嶋氏自らが評するように「順調」と言えるであろう。このように地域にこだわる大嶋氏の戦略をどのように捉えればよいのだろうか。最後に、徳野貞雄[2011]の「生活農業論」を参照し、そのことを検討してみよう。

――「モノとカネ」そして「人と暮らし」

徳野は、農業分野においてグローバル化する市場に対抗する考え方として「生活農業論」を提出した。そこでは、経済・企業原理に対抗する生命・生活原理の重要性が説かれ、縮小型社会を見据えた農業・農村の維持・存続のあり方が示されている。氏によると、従来の農学者の研究対象は生産領域（農林地、作物、技術）と経済領域（価格、所得、市場、流通）に集中している一方で、農業する主体である人間や、農産物を食べる主体である人間に関する研究が、非常に脆弱であったとしている。氏は、このようなモノとカネに重点を置いた従来の農業論を「生産力農業論」と名付け、ヒトとクラシに重点を置いた農業論を「生活農業論」として整理したのである。農業・食糧問題をモノとカネの経済的原理と、ヒトやクラシといった生命・生活原理との相互連関性の中で捉えようとするものである［後藤 2011］。

少年サッカークラブの経営を「生産力農業論」的な視点で捉えれば、サービスの価値を高め会費収入が増えれば、コーチたちの収入も増え生活も向上するという素朴な機能論的考えが成り立つ。つまり、モノとカネがよくなれば、必然的にヒトとクラシの問題は解決するということである。しかし、現実のサッカーコーチの生活はそうとは限らない。モノとカネの領域を個別に議論するのではなく、ヒトとクラシの領域と相互連関的・循環的に検討する必要がある。

このような「生活農業論」的視点に立ち、大嶋氏の実践を振り返ると、一見カネにはならないフットサル教室やレディースフットサル、W地区の開放委員会など地域における社会関係によって、経済的原理に飲み込まれることなく、クラブの維持・存続が可能になっていくのではないかと考えられる。孤立したクラブ経営は、経済的原理にさらされ、そこで働くコーチの生活にも、不安定さと先行きの不透明さをもたらす。大嶋氏はこれらのことをJリーグの下部組織や有名な「まちクラブ」に関わることで、そしてそこで「モノ扱い」されることで学んできたのであろう。DURO調布の活動を地域の社会関係の中に埋め込み、活動の安定化を図るためには、自分が生まれ育った調布市、W地区という「地元」が必要だったといえる。

［第6章］

世代を超えた「家族経営」

父親が創設し息子夫婦が引き継いで運営・指導している少年サッカークラブがある。それが、大阪府寝屋川市で活動するサクラ ユナイテッド フットボールクラブ（SAKURA UNITED FC）」（以下、SFCとする）である。

先に、簡単にSFCの概要に触れておこう。SFCの前身は、現クラブ代表の櫻田真平氏（以下、真平氏とする）の父親である櫻田秀夫氏（以下、秀夫氏とする）が、一九八二年に設立した寝屋川SCである。二〇一五年に真平氏が妻の未来さんと共にSFCとして再スタートを切るまでの三二年間、大阪府にとどまらず関西大会で多くの実績を残してきた。そのクラブを父親から引き継いだ真平氏は、東南アジアで活躍した元プロサッカー選手であり、妻の未来さんも、元なでしこリーグの選手でフットサル日本代表の経験もある。クラブ指導者には、真平氏の姉の有幾子さん（元なでしこリーグ所属）や兄の修平氏も名を連ね

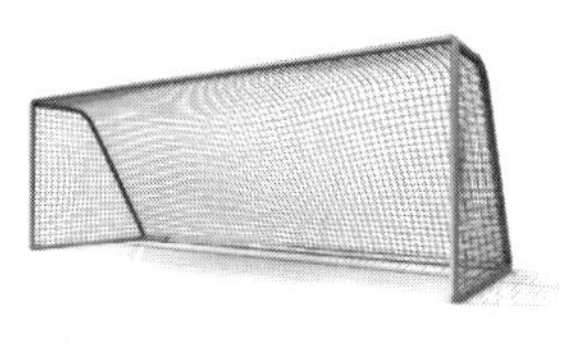

ている。真平氏、有幾子さん、修平氏はいずれも父親が作った寝屋川SCのOB・OGである。そして、寝屋川SCからSFCへと二世代で入団してくる者もおり、SFCとして再スタートを切る際には寝屋川SCのOB・OGの協力があった。クラブのホームページには、「(UNITEDには)日本語で『力を合わせた』『協力した』『団結した』等の意味があり、また『和気あいあいの家族』という意味もあります。美しい精神を持った集団、そして家族のような集団になる」というクラブコンセプトが掲げられているように、SFCの歴史と活動を知るためには「家族」というキーワードを欠くことはできない。

1—第一世代 父・櫻田秀夫氏と寝屋川SC

では、父親の秀夫氏が設立した寝屋川SCの歴史について振り返ってみよう。秀夫氏は、一九四九年に小豆島で生まれ、中学三年の時に大阪へ一家で引っ越してきた。中学校までは陸上競技で長距離に取り組んでおり、サッカーの経験はなかった。高校受験に失敗した秀夫氏は、東京の親戚が経営するビニール販売の会社に「丁稚奉公」として就職し、同時に定時制高校(四年制)に入学した。仕事と学校を両立させなければならない厳しい生活の中、「何かスポーツをやりたい」と思いながら毎日ランニングをしていた。そのようなとき、偶然知り合ったラグビーの元日本代表選手の紹介で、高校生ながら大学のOBチームに加入し活動するようになった。ところが、一九六八年、初めてサッカーの試合を見て一気にその虜になったのである。その年の一二月、秩父宮ラグビー場で行われる予定であったラグビーの試合が雪のために中止となり、国立競技場の近くを歩いていたとき、もの凄い歓声が聞こえたという。競技場に立ち寄ってみると、サッカー日本代表がチェコスロバキアのデュクラ・プラハと対戦していた。当時は、日本代表が一九六八年のメキシコオリンピックで銅メダルを獲得し、国内でのサッカー人気が高まりつつあった。この初めて見たサッカーの試合に感動し、「自分もやってみよう」と思い、すぐに高校の仲間を集めサッカー部を作ってもらうように働きかけた。無事、学校の許可も下り、仲間と共に練習を始めたが、公式戦には出場することができず、最終学年である四年次に一試合だけ練習試合を行った。

四年の定時制高校を終えたあと、今後の人生を考えて東京での仕事を続けるよりも大学に進学したいという気持ちが強くなった。そこで、実家から通うことのできる大阪商業大学へ進学することとした。親戚でもある会社の社長には、大学に合格した後に報告し猛反対された。しかし、仕事を続けていく気持ちはなく、加えて、学生としてサッカーの強いところでやってみたいという思いが強かったという。また、実家には東京で付き合っていた彼女（後の妻）も一緒に住むことになり、その後の大学四年間の生活を支えてくれたという。当時の大阪商業大学サッカー部は日本代表を輩出するなど国内でトップレベルにあり、サッカー推薦で入学してくる学生も多かった。そのような中で、サッカーを始めて間もない秀夫氏がプレーするのは困難であり、サッカー部への入部を一度は認められたものの、しばらくすると監督から社会人チーム（大学の監督が運営するクラブ）でプレーするよう勧められた。サッカー部の合宿費用の捻出などの経済的問題もあり、大学サッカー部で続けることを断念した。当時を振り返り、「とても悔しかった。図書館の陰からサッカー部の練習を見ていた。でもそんな経験が今のハングリーさにつながった」と語っていた。一方、大学では、社会、商業、職業の三つの教員資格を取り、勉学に励んだという。また、サッカー部には所属しなかったが、部員や監督とはつながりがあり、そのことが後の高校サッカーの指導者となった時の幅広い人脈につながったという。

大学を卒業後は、いったん、段ボール会社に就職したが、二か月の研修を終え「このままこの仕事を続けていく気になれない」と退職し、すぐに近隣の私立学校を訪問し、教職としての仕事がないか訪ねてまわったという。その中で、大阪産業大学付属高校（以下、大産大高校とする。当時は大阪鉄道高校）にたまたま欠員が生じたということで、急遽採用（翌年、正式採用）が決まった。その頃には、同棲していた妻とも正式に籍を入れており、一九七三年には長男修平氏も誕生し、一家三人の生活が始まった。

――サッカー指導を始める

当時の大産大高校サッカー部は、高齢の顧問教員のもとＯＢが指導する体制をとっていた。就職後すぐに交代で顧問に就任するよう依頼され、監督としても指導にあたるようになった。それまで指導していたＯＢとは指導法の違いなどで対立もあったが、「信念をもって」指導にあたったという。その信念とは「サッカーイコールブラジルや、という感じで。とにかく個人技が無いとダメや」というものであった。

他の人よりも遅れてサッカーを始めた自分が、どうにか一緒にプレーできるようになったのは、徹底して個人技を磨いてきたからであるという自負がそこにはあった。当時、個人技を重視したサッカースタイルは大阪でも珍しく、他県の指導者からも注目を集めるようになった。秀夫氏の指導が浸透し始めると実績も伴うようになり、一九九五年に顧問兼監督を退くまで、大阪府大会優勝一回(新人戦)、準優勝三回(選手権)という戦績を上げ、Jリーガーも輩出した。

——寝屋川SCの設立と強豪クラブへの道

このように順調に強豪校の仲間入りができた理由として、秀夫氏の独特の指導に加え、もう一つ重要なことがある。それが少年サッカークラブ寝屋川SCの設立である。秀夫氏は、高校サッカーの指導者になると直ぐに、個人技習得のためには一貫指導が重要であると気づいた。そこで、一九八二年に長男修平氏(当時、五年生)が通っていた小学校の子どもたちを中心に、寝屋川SCを設立したのである。高校サッカー部の監督との兼務であったため、練習は高校サッカー部の練習のない日や時間をずらして行っていた。高校と同じように個人技をベースとしたサッカーで、すぐに実績を上げはじめ、設立五年目には関西大会で優勝(翌年も連覇)し、そのメンバーが大産大高校サッカー部に入部し大阪府大会で準優勝を果たした。まさしく、秀夫氏が思い描いた一貫指導が実った結果であった。寝屋川SCでは、戦績が上がるにつれてクラブ員数も増え、修平氏が中学に上がるのに合わせてジュニアユースも設立した。

しかし、順調に進んだ高校サッカー部の指導を、学内の事情により突然退くことになった。不本意にも高校サッカーの指導現場を離れなければならない悔しさはあったが、当時の寝屋川ＳＣには真平氏や娘の有幾子さん（元なでしこリーグ）も所属しており、すぐに少年サッカーの指導に気持ちを切り替えたという。その後、寝屋川ＳＣは関西のトップレベルのクラブの道を歩み、Ｊリーガーやサッカー指導者を輩出してきた。ところが、強豪クラブとしての地位を築く一方で、クラブ員数は減少の一途をたどるようになった。二〇一五年に真平氏が引き継いだ時点では、小中学生合わせて二二名となっていた。減少の理由について秀夫氏は、周囲の「寝屋川ＳＣの練習は厳しい」などの噂が影響したと感じており、真平氏は「父親の職人気質的な指導が今の子どもたちに合っていなかったのではないか」と語っていた。

そのようなクラブ員減少という課題を抱えていたとき、真平氏から、プロサッカー選手を引退し少年サッカーの指導者を目指したいという相談を受けた。秀夫氏は二〇一五年に定年退職し、その後は少年サッカーの指導により専念できると思っていたため、すぐに引き継がせることに賛成できなかった。また、真平氏のサッカー選手としての経験は秀夫氏に無い強力な武器であるが、「教える」という部分での経験が足りないとも感じていたという。しかし話し合いを重ね、最終的には真平氏にクラブを引き継がせることを決心した。

ＳＦＣでは会長の役職に就き、当初（一年間ほど）は指導に加わっていたが、指導方針の違いや保護者との関係もあり、現場からいったん退くこととなった。しかしその後、クラブ員の増加や真平氏からの依頼もあり、現在はスタッフとして再び現場で指導にあたっている。

2―第二世代　息子夫妻とサクラ ユナイテッドFC

［1］櫻田真平氏のサッカー人生

一九八四年、寝屋川市で生まれた真平氏は、兄弟姉妹と同じように小中学校時代は父親が指導する寝屋川SCでプレーした。高校は、サッカー名門校である静岡県の清水市立商業高校へと越境入学し、インターハイで全国三位入賞や大会優秀選手に選出されるなどの実績を残した。高校での実績が認められ、関西大学にサッカー推薦で入学した。大学でも全国大会優勝や得点王に輝くなど素晴らしい実績を残したが、その後の進路については多少悩んでいたという。結果として、当時JFLに加盟しJリーグ入りを目指していたFC岐阜からオファーを受け入団することになったが、高校・大学で実際にプロに行くような選手たちを身近で見て、その差を実感するようになったというのである。

FC岐阜では、六万円の月給の中から寮費として一万五〇〇〇円が引かれるという厳しい生活状況のなか、一年目はほとんど試合に出場することができなかった。二年目には契約を打ち切られ、クラブのスポンサー会社で働きながらセカンドチーム（アマチュアチーム）でプレーすることとなった。しかし、翌シーズンには、九州リーグ所属の沖縄かりゆしFC（Jリーグ昇格を目指していた）に契約選手として移籍することができ、一五万円ほどの給料を受け取り「多少プロとして食べていけるという感じ」になった。ところが、FC岐阜の時の監督からの誘いを受け、一年で「ジャパンサッカーカレッジ」（北信越リーグ）へと移籍した。その際のクラブとの契約は、給料はなく、食事の提供と年間二〇試合に対する勝利給のみという厳しいものであった。しかし移籍後に、女子チーム（なでしこリーグ）でプレーしていた未来さんと出会ったことが、真平氏のサッカー人生の大きな転機となった。女子サッカー界の中でエリート選手としての道を歩んできた未来さんへの「対抗心」と、結婚して「家族を養う」という意欲が急激に湧いてきたのだ。そこで、自らエージェントに連絡をとるなど海外移籍を模索する中で、アルビレックス新潟シンガポール（以下、アルビSとする）の国内セレクションを受け、見事入団を勝ち取ったのである。

――アルビレックス新潟シンガポールに入団

Jリーグでの出場経験はなかったものの、年長（二六歳）で経験も豊富であるということから、アルビSでは入団一年目からキャプテンを務めることとなった。当時の契約では、給料は二〇〇〇シンガポールドル（約一八万円）であったが、家賃（コンドミニアムに三～五人で共同生活）として一六〇〇シンガポールドル、食事代として三五〇シンガポールドルが引かれ、手元には五〇シンガポールドル（約四〇〇〇円）ぐらいしか残らなかったという。アマチュア選手との共同生活もふくめ「到底プロとは言えない」生活だったと振り返っている。しかし、一年目から活躍したことで、翌年にはローカルチームとプロ契約を結ぶことに成功した。そこでは、これまでの「一〇倍ほどの給料」をもらい、「助っ人外国人」としてプレーすることとなった。すでに結婚していた未来さんとも一緒に住むことができ、「初めてプロとしての生活」を実感できたという。シンガポールでプレーすることについて、以下のように語っている。

サッカーで飯を食うということの意味は、もちろん報酬とかサッカーのステップアップもあるが、本当にトップに行かない限りは、蓄えることのできるお金は限られている。ヨーロッパを頂点とするピラミッドの中で、皆が同じようなステップアップを狙って東南アジアでプレーしているわけではない。基本的に誰でもステップアップすることを考えているが、目指すところは人それぞれ。収入のステップアップなのか、サッカー環境のステップアップなのかと個人差がある。Jリーグでいえば、J1から声がかかればそれは皆行くと思うけど、J2以下だと条件に左右されるでしょうね。シンガポールから見ても、J2だと絶対、給料は下がる。日本にいたら最低限の給料しかもらえない。それは本当に最低限で、家族を養えるとかのレベルではない。サッカーで飯を食うという意味では、東南アジアはうってつけの場だと思う。

しかし、「プロサッカー選手」として生活を送っていた真平氏は、Sリーグカップ優勝など国内のトップレベルで二シーズンを過ごした後、シンガポールにおけるサッカーの「熱量の低さに若干失望」したとい

う。「給料はもらえてプロとしてサッカーはできるが、もっとサッカー熱のあるところでやりたい」と思うようになり、二シーズン目終了後に、他の東南アジアのリーグを探し始めた。当初は、マレーシアのチームと口頭での契約に至ったものの突然破棄され、それからすぐにミャンマーに渡り、一か月間のトライアウトに挑戦して契約を勝ち取ることができた。その際、出産を控えていた未来さんは帰国し、単身でミャンマーに渡ることになった。ミャンマーではリーグ戦で首位争いをするチームで活躍したものの、このシーズン限りでプロサッカー選手としての生活にピリオドを打った。そして、日本で家族と暮らし、父親が創設した少年サッカークラブを引き継ぐことを決意したのである。

［2］未来さんのサッカー人生

真平氏の妻である未来さんは、一九八六年に静岡県浜松市で鰻屋を営む口木家に四姉妹の次女として生まれた。小学校二年生から地域のスポーツ少年団で男子の中に一人交じってサッカーを始めた。自ら意欲的に入団したわけではなく、近所に住むチームメイト（男子）から誘われ、サッカーの経験が少しあった父親から「サッカーは楽しいぞ」と助言されたのがきっかけであった。チームの人数も少なかったこともあり、男子に交じって試合にも出場していたが、チームの実力は地域で中位程度であった。当時はいくつかの習い事をしており、「自分が興味のあったものは何でもやらせてくれて、サッカーのほかにも、水泳、ピアノ、体操など毎日何らかの習い事をしていた感じ」だったという。しかし、少しずつサッカーにのめり込み始め、習い事を減らしながらサッカーの練習を増やしていった。六年生の頃には作文に「日本代表になる」「オリンピックに出たい」と書くようにもなっていた。六年生の途中からは少年団だけではなく女子のクラブチームにも入団し、中学校では男子サッカー部と女子のクラブチーム（ジュニアユース）を掛け持ちしていた。サッカー部では男子に混ざり強度の強い練習ができていたが、クラブチームでは「集まって三〇分ぐらいおしゃべりして、ミニゲームして終わりという感じ」だったという。しかし、静岡県の県選抜に選出され、普段とは異なるレベルでのプレーを経験するようになると、「今いる自分の環境を変えて、もっとレベルが高いところに身を置きたい」と考えるようになったという。そこで、中学二年の終わりに「移籍」を決断し、三年次から社会人サッカーの強豪チームである「ホンダＦＣ（Honda FC）」の女子（成人）のチームに加入し、本格的にサッカーの道を歩み始めたのである。女子の場合、成人のチームに中学生が加わって活動することもあり、サッカー協会の登録も、男子のように世代ごとに区分されておらず、「女子」というカテゴリーでの登録となっている。移籍する際には、清水市にある女子の強豪クラブの練習にも参加するなど、自ら練習環境や移動手段などを検討し、ホンダＦＣへの入団を決めた。両親にも相談したが、幼少期と同じように、未来さんが「やりたいこと」を応援してくれたという。中学生から大人のチームで活動することになったが、「ちゃんと練習して、ちゃんと教えてもらえる」環境が「とても楽しかった」と当時を振り返っている。

――高校日本一からLリーグへ

高校進学(二〇〇二年)については、地元の高校に進学し、そのままホンダFCでプレーすると考えていた。しかし、中学校三年の夏に県選抜のキャプテンとして出場した「全日本U-15女子サッカー選手権大会」での経験が進路選択に大きな影響を与えた。サッカー先進県である静岡の代表ということもあり、当然のように日本一を目標にした大会でもあった。しかし、神村学園中学校を中心とした鹿児島県選抜に「圧倒的な力の差を見せつけられて」予選リーグで敗退した。大会後、すぐに「神村学園」という学校を調べ、高校女子サッカーでも実績のあるチームだということを知った。そこで一気に自分の進路を変更することを決め、両親に神村学園高校に行くことを告げたという。父親が学校に問い合わせ、練習に参加したところ「本当に楽しかった」ということで、鹿児島県へのサッカー留学を決意した。鹿児島まで行ってみて初めて「結構遠いな」と思ったが、寮での生活も含めて「一切不安はなかった」と振り返っていた。

高校では一年次から試合に出場していた未来さんは、三年連続で全国大会に出場し、三年次には中心選手として高校女子サッカー選手権大会(二〇〇四年)で優勝し、日本一となった。当時の高校女子サッカーは現在のようにテレビで取り上げられることもなく、それほど注目はされていなかったが、入学時から目標であった高校日本一を達成することができた。また、高校三年間で帰省は年に一度ぐらいであったが、日本一となった全国大会は地元静岡県で開催され、両親に「晴れの舞台をみせることができてうれしかった」という。高校での生活は、チームの七割ぐらいが寮生活を送っており、寂しいと感じることは一度もなかった。寮生活を共に過ごしたチームメイトとは今でも交流があり、最も仲の良かった有馬静佳選手は、「なでしこリーグ」引退後（二〇一八年）に、SFCの専属のGKおよびガールズのコーチに就任し、現在も共に仕事をしている。

さて、日本における女子サッカーリーグは一九八九年に開幕し、一九九三年に開幕したJリーグに続き翌一九九四年にLリーグへと名称変更された（二〇〇六年から「なでしこリーグ」に変更）。Jリーグブームに乗り、Lリーグも多くの外国人選手と契約するなど順調なスタートを切ったが、バブル崩壊の影響や企業チーム撤退により、規模が縮小していった。しかし、二〇〇二年のFIFAワールドカップ日韓大会の盛り上がりの後、二〇〇三年のFIFA女子ワールドカップにも注目が集まり、日本女子サッカーリーグも人気回復の策がとられるようになった。その一環として、二〇〇四年からJリーグと同じようにL1リーグ・L2リーグの二部制が導入された。二〇〇四年に高校日本一になった未来さんは、卒業の二〇〇五年、当時L2リーグに所属していたアルビレックス新潟レディースに入団した。入団の経緯を次のように語っている。

もともとLリーグでプレーしたくて。両親にも高校の先生や監督にも大学に進学するように勧められていたけど、全く自分には必要ない場所だなあと思って。そして、Lリーグでプレーするにしても、チームが成長する、これから強くなっていくチームでやりたかった。で、調べてみるとアルビレックスが力を入れていて、一部昇格を目指しているということだったので、セレクションに申し込んだんです。

結果、三次まで行われたセレクションに無事合格し、真平氏と結婚しシンガポールに行くまで七年間、女子の国内トップリーグで活躍した。入団の翌々年の二〇〇七年には一部リーグ（「なでしこリーグ」）に昇格し、退団した二〇一一年の全日本女子サッカー選手権大会（現在の皇后杯）では準優勝を果たした。同年は、「なでしこジャパン」がＦＩＦＡ女子ワールドカップで世界一になった年であり、大会も大きな盛り上がりを見せたという。それまで途中出場の多かった未来さんは、同大会ではすべて先発出場し、決勝では日本代表のエース川澄奈穂美選手とマッチアップした。後述するように、結婚後に「なでしこリーグ」でプレーするか悩んでいた時期でもあったが、現役選手としての一区切りがついた大会となった。

――結婚生活とサッカー

アルビレックス新潟レディースに在籍した七年間のうち最初の三年間は、系列の専門学校であるジャパンサッカーカレッジに通いながらプレーし、その後はクラブが斡旋する職場（町のスポーツ施設）に勤務した。ジャパンサッカーカレッジの学生の時は、アルバイトもしていたが、学費と生活費の一部は実家からの仕送りで賄っていた。学校では、改めてサッカーの理論や指導法を学ぶことができ、現在の指導にも役立っているという。専門学校が修了した四年目からは町役場の嘱託職員となり、最初の二年間は新潟国体の準備室の職員、次の二年間は町のスポーツ施設の事務職員として働いた。練習日には午後三時に仕事を切り上げて練習に参加することができたが、「給料はかなり安かった」と当時の生活の厳しさを振り返っていた。

二〇一〇年、真平氏が北信越リーグに所属していたジャパンサッカーカレッジ（トップチーム）に加入したのをきっかけに交際が始まった。二〇一一年には真平氏はシンガポール（アルビS）への移籍が決まっていたため、シーズンが始まる前に入籍し日本とシンガポールでそれぞれプレーすることを考え、お互いの両親にも相談していた。しかし、両親から「そんなに焦らなくていいんじゃないか。結婚するんだったら、一緒に住むべき。しっかり区切りをつけて結婚したほうが良い」とのアドバイスを受け、いったん思いとどまった。そこで二〇一一年は、結婚はせずお互い日本とシンガポールでプレーをしていたが、姉妹へ相談する中で、プレイヤーとしての生活に区切りをつけ結婚することを決心し、前述した全日本女子サッカー選手権大会中に籍を入れた。結果として、クラブ退団とシンガポール行きを決めて臨んだ最後の全国大会で見事準優勝を果たしたのである。そして、結婚を相談した姉から「あなた明日死ぬんだったらどっちを取るの」と言われた際に、「自分の中ではいつでもサッカーはできると思っていて、生涯現役のつもりでいた」と語るように、夫と一緒に赴いたシンガポールでサッカーを再開したのである。

――シンガポール女子リーグで得点王

二〇一二年、真平氏はアルビSからSリーグ強豪のウォーリアーズにステップアップし、未来さんとの結婚生活が始まった。ローカルチームへの移籍で待遇面も良くなり、経済的にも安定した生活を送ることができるようになった。そして、「生涯現役」を掲げる未来さんは、日本で活躍した女子サッカー選手であることが、現地の日本人コミュニティの中から女子リーグ関係者に伝わり、国内トップリーグのチーム（Tanjong Pagar United FC）でプレーすることになったのである。また、この時期に、次章で取り上げるGFAで女子選手やフットサルの指導を始めており、その時の指導経験やクラブの運営方法などが現在のSFCの運営にも役立っているという。二〇一三年には、真平氏が所属したウォーリアーズの女子チームに移籍し、リーグ優勝と得点王を獲得した。当時のシンガポールの女子リーグについて、「日本の女子の県リーグレベルで、ドリブル練習しているかのように、全員抜いてシュートまで行けるぐらいだった」と語っていた。

二〇一四年に真平氏がミャンマーリーグに移籍することになり、出産を控えた未来さんは日本へ帰国することとした。未来さんはミャンマーで出産することも考え、予防接種なども終え準備していたが、真平氏が「心配だから」と日本で出産することを強く勧めたという。そして、出産後六か月で再びボールを蹴りたいと思い、今度はフットサルを始めたのである。女子サッカーの国内トップレベルで活躍した未来さんはフットサルでも注目され、その年にはフットサル日本女子代表に選出されグアテマラで開催された第六回世界女子フットサルトーナメントに出場した。二〇一五年から真平氏とSFCの運営と指導を仕事にしていくことになったが、フットサルは継続し、二〇一九年までフットサル女子日本代表等に選出され国際大会にも出場した。

SFCで指導する未来さん

――夫婦でクラブ運営を目指す

真平氏と共に少年サッカークラブの運営を始めることについては、これまでの鹿児島へのサッカー留学、アルビレックス新潟への入団、シンガポールへの転居、そして一人帰国しての出産のときと同じように、「なんとかなるだろうし、何とかする」としか考えなかったという。そこには、二人のこれまでのサッカー経験や学んできたものに対する「自信」があり、「自分たちの指導方法や方針に間違いはない。これを続けていたら絶対人は集まると信じていたし、今もそう思ってやっている」という。SFCではマネージャー、女子の監督を中心に、すべてのカテゴリーの指導に当たっている。現在、SFCは約二三〇名の会員を集め、実績も出つつあるが、「予想通りというか、プラン通り」と感じており、女子は五年以内の「日本一」を目指している。浜松で鰻屋を営む実家はSFCのネームスポンサーとなり、六歳になった長女もSFCでサッカーを始めたところである。

3 父から息子夫婦へ――クラブの継承

二〇一四年、真平氏が、ミャンマーから帰国し今後もプロサッカー選手として活動を継続するかどうかで悩んでいた際に、最終的に引退を決意した理由として、家族の存在がある。当時を振り返り次のように語っている。

三一歳で肉体的にはまだまだ選手としてはやっていけたと思う。ミャンマーでは優勝も経験し、契約の延長はできただろうし、シンガポールのチームからのオファーもあった。しかし、子どもを育てるということになると、ミャンマーの生活環境は難しいので、妻子とミャンマーに住むことはできない。出産の際も、ミャンマーでは難しいので実家に戻った経緯がある。そのまま離れ離れで、子どもの顔を見たのは生まれて半年後だった。家族と一緒に生活したいという気持ちが強くなった。

そして、帰国後に地元大阪で仲間たちとサッカーする中で、サッカーに対する意識も次のように大きく変化した。さらに地元には、学生の時も、また海外でプロサッカー選手として活動していた時も、実家に戻った際には必ず練習に参加してきた思い入れのある「父親のクラブ」があったのである。

ミャンマーはサッカーが国技で人気も高い。スタジアムが揺れるぐらい盛り上がる。だから、試合自体は面白いが、練習を含めてサッカーが面白くなかった。周りと常にかみ合わない感じ。いつも一人で練習して、一人で試合に挑み、一人でプレーする感覚。だから、地元で「なじみ」のある人たちとサッカーをして、分かり合いながらサッカーをすることが本当に楽しい。サッカーの楽しみが、「勝利」や「競技レベルの高い」とは違うところにもあることを実感するようになった。だから、子どもたちに、サッカー選手になることを目標にしつつ、人間として成長することを伝えられる「教育」をしていきたい。最終的には、地域に貢献したいと思うようになった。

また、何よりも幼少期からサッカーを始め、高校・大学と日本のトップレベルでプレーし、プロサッカー選手としてのキャリアの中で「積み上げてきたもの」に対する自負があった。セカンドキャリアについては、「指導者」「飲食店経営」「芸人」などを想定していたが、日本に帰国し寝屋川SCの子どもたちに接した際に、自分がサッカーで「積み上げてきたもの」の影響力の大きさに改めて気づいたという。たとえ東南アジアのプロサッカー選手でも、子どもたちに「積み上げてきたもの」を伝えていくことを「仕事」にしたいと決意したのである。

そして、二〇一四年の秋に、具体的にどのような形で少年サッカークラブをつくっていくか検討を始めた。当初から、父親のクラブを引き継ぐことを前提としていたわけではなく、新しいスクールを立ち上げることも含めて父親に相談した。父親からは「二つ返事でOKをもらったわけではないが、理解してもらえた」ということで、二〇一五年四月から夫婦で少年サッカークラブの運営に取り組むこととなった。

――サクラユナイテッドFCの誕生

前述したように、当時の寝屋川SCはクラブ員数が減少し、幼稚園から中学生までの二二名が在籍する「小さなクラブ」となっていた。しかし、以前（真平氏の在籍時など）は関西でトップの実力があり、地区でも「名の通った」クラブとして存在していた。真平氏にとっては、継続してグランドを確保（中学校を学校開放で利用）できることと、父親が積み上げてきたクラブとしての「実績」を引き継ぐことは大きなメリットであった。「父親が教員の片手間に運営してきたサッカークラブだったため、人数も少なく『本格的なクラブ』ではなかった」が、活動次第では大きく変化させることができると感じていた。しかし、この寝屋川SCとしての「実績」も別の面からみると、デメリットとして作用していたという。「教員という職業柄、サッカーの指導が『厳格、教育的』で、『サッカーの楽しみを教える』クラブではなかった」というのである。「職人気質」的な指導のため入会者も少なく、まわりの少年サッカークラブとの交流も少なく、

「孤立」した感があったという。そのような寝屋川SCの状況を一新するために、真平氏はチーム名をSAKURA UNITED FCへと変更したのである。

ただし、SFCのスタート時点では、父親の運営を大きく変えることはなかった。指導者は、真平氏、未来さんと、寝屋川SC時代から引き続き指導するTコーチ（当時三〇歳）、OBでお父さんコーチ一名の四人体制であった。Tコーチは父親の教え子で、現在もコーチとして携わっている。また、真平氏の寝屋川SCの時のチームメイトであるFコーチ（中学まで真平氏と一緒にプレーし、高校時代は全国大会に出場した）が臨時で指導に入ることもあった。Fコーチはその後SFCの専任コーチとしてユースダイレクターの役に就き、銀行員という立場からクラブの経理等の相談にも乗っている。当時の練習は、小学生から中学生まですべてまとめて行い、体格差がでる練習では中学生に大人（OB）が入って一緒に練習するようにしていた。クラブとしての経営を成り立たせるためには、会員獲得が不可欠であったため、ビラ配りなども行ったが、「何千枚も刷って、幼稚園の前で配ったが、全く効果がなかった。集客方法も何も知らなかったので、本当に手探り状態だった」と振り返っている。

――「サッカーの楽しさ」を原点に／クラブの改革

そのようななか、夫婦で話し合い、クラブのあり方を少しずつ変化させていった。最初に取り組んだのが、子どもたちの雰囲気を変えることであった。「自分たちが子どものころと雰囲気が違うなあと感じていた。その原因は、大人(指導者)のオーバーコミットにあった」(括弧内は筆者)という。真平氏と未来さんはそれぞれの「サッカーのある生活」を通して、「サッカーの楽しさ」を実感してきた。その「楽しさ」を子どもたち自らで感じ取ってほしいと考えたのである。そのことは、後述するように会費やコーチ体制のあり方にも反映されている。チームとしての活動ではあるが、子どもたちが自分自身の意欲やレベルに応じて練習回数やテーマを選べるシステムの導入や、一人のコーチのサッカー観を押し付けないように複数のコーチが担当するようにしたのである。

会費については、当初は寝屋川SC時代の平日四日と土日の週六回で五〇〇〇円(幼稚園から中学生まで統一)から五五〇〇円に変更し、その後、毎年改定している。その理由は、子どもたちの意欲や能力に合わせたトレーニングができるようにということにある。現在は、基本料金(月会費)に一コマごとの単価を上乗せしていく方式となっている。一コマごとの単価には数千円の幅があり、ドリブルやゴールキーパーなどのテーマ、会場(指導者)によって異なり、子どものニーズに合わせて選べるような料金システムになっている。一般的なチーム生の場合、通常トレーニングのコマ(平日三日)と土日の組み合わせが多いとのことであった。クラブの収入源としては、この会費が最も大きなものになるが、このほかにも土日の試合や遠征・合宿などのイベントを行う際の参加費などの収入がある。

現在のクラブ組織体制としては、代表兼総監督の真平氏、会長の秀夫氏、マネージャー兼ガールズ(女子)監督の未来さん、ユースダイレクターのFコーチ、GK担当の有馬静佳コーチのほかに一一名のコーチがいる。真平氏、未来さん以外のコーチはそれぞれ仕事を持ち、主に土日の活動の指導にあたる。GK担当の有馬コーチは未来さんの高校サッカー部時代の同級生で、GKスクールの仕事とSFCでの専属GKコーチとして活動している。クラブの社員としての専属コーチはおらず、活動に応じて謝金を支払う。コーチの謝金単価はそれぞれの資格や経験に応じて異なる。真平氏がジュニアからジュニアユースまですべて統括する立場で、状況に応じてコーチの担当を割り振っていく。現場での指導はそれぞれのコーチに委ねており、保護者には真平氏一人の視点ではなく、異なる複数の視点から指導できることがSFCの魅力であると伝えている。父親の秀夫氏もコーチとして指導にあたっており、「技術指導はすごいものがある」と真平氏は語っている。

――転機……「子どもが主体の活動」へ

会員数は、二〇一五年に引き継いだ時点で二二名であったが、すぐにSFCとしての活動も認知され始め、翌二〇一六年には、キッズ四名、小学生三五人、中学生一一人となった。

しかし、予想していたよりも入会者が少なく、若干の戸惑いもあったという。また、二〇一七年には、ジュニアの中心となる新六年生（もともと会員数の多かった学年）の主力メンバーが他の強いチームへと移籍していった。原因は、保護者間の分裂であり、真平氏の父親の指導を求める保護者と新しいSFCの指導を求める保護者の対立にあったという。父親が行ってきたような「強い指導」をもとめ強豪チームへと移

SFCの子どもたちに指導する真平氏

籍し、残った六年生は二名のみとなった。真平氏は当時を振り返り、この出来事が、「子ども主体の活動」というSFCのスタイルを決定づける転換点であったという。父親の指導を求める保護者(会員)の要求をはねつけることで、SFCとしてのクラブのスタイルを強く打ち出すことになったのである。当時を振り返り、SFCに残ることにした保護者が「若い指導者が子ども主体でやらせたいと言っているのでそれを信じてやらせましょうよ」と呼びかけたことが今でも印象に残っていると語っていた。そのような状況の中、二〇一七年度中には約八〇名まで増え、翌二〇一八年には約一六〇名に倍増した。真平氏、未来さんともに自分たちのやり方(子ども主体の活動)を続けていれば必ず会員は増える自信があったと語っており、その後二〇一九年に約二〇〇名、二〇二〇年に約二三〇名と順調に増加している。

会員の増加とともに戦績も残すようになった。大阪府は八つの地区に分かれており、地区代表として大阪府の中央大会にも複数回出場した。特に二〇二〇年の五年生は三四名が在籍し、全国大会上位に進出したチームとも互角に戦う実力がある。地区の中では「子ども主体の活動」をするチームとして異色の存在であり、他のチームからは「煙たがられる」のではないかという。SFCとしては、子どもを主体として活動するため、他チームへの移籍やスクールへの参加も自由にしている。逆に、そのような活動方針に魅力を感じて移籍してくる子どももおり、「引き抜いている」などの批判を受けることもある。また、料金システムからも分かるように、子どもたちの欲求に合わせて参加できる仕組みを作っており、学年を超えた参加はもちろん、小学生でも能力に応じて中学生の練習（コマ）への参加も認めている。このこともSFCの活動の大きな魅力となっている。一方で、個々人の欲求や能力を尊重する活動であるため、「チームへの所属意識」という課題もある。この点については、中心選手がいかに引っ張っていってくれるかと、保護者との関係をいかに作っていくかということが鍵になると考え、特に保護者との関係は重要で、綿密にコミュニケーションをとるようにしているということであった。

4 ― 大家族で子どもが育つ

本章では、父秀夫氏が設立した寝屋川SCを、息子夫婦の真平氏、未来さんがSFCとして引き継ぐまでの流れを記述してきた。その中で、特に注目すべきは、三人それぞれが「家族に支えられたサッカーのある生活」を送ってきたことであろう。そして現在、SFCは「家族経営」によってその安定がもたらされていることである。SFCにおける「家族」とは、秀夫氏、真平氏、未来さんという、SFCの運営に直接関わる人たちだけでなく、秀夫氏の妻、真平氏の兄弟姉妹、未来さんの実家、そして秀夫氏の教え子である寝屋川SCのOBたちを含め櫻田家の「サッカーのある生活」に連なる人びとを含むものである。

秀夫氏は、高校三年生の時に初めてサッカーの試合を見た時からサッカーの虜になった。妻は、その試合を一緒に観戦した女性であり、「強いところでサッカーをやりたい」ということで進学した大学時代も同居しながら経済的にも支えてくれた。結婚後も、高校サッカーと少年サッカーの両方を指導する忙しい生活を支えてきた。また、寝屋川SCには、真平氏だけでなく五人の兄弟姉妹が所属し父親の指導を受けた。寝屋川SCは櫻田家の子どもたちが育った「故郷」といえる。真平氏は、高校から実家を出てサッカー選手としての道を歩んできたが、海外でプロサッカー選手として活動しているときも「故郷」である寝屋川SCのことがとても気になっていたという。帰省するたびに指導していた子どもたちの存在が、寝屋川SCを引き継ごうと思った理由でもある。そして、真平氏の人生には、新たな家族となった未来さんと子どもの存在が大きな影響を与えている。国内で実績を残すことができていなかった時に、未来さんとの結婚を考え一念発起して海外への挑戦を決意した。引退し、大阪に戻ってきたのも新しく家族の一員になった子どものことを考えてのことだった。一方で、未来さんは櫻田家のような「サッカー一家」で育ったわけではなかったが、真平氏と同じように高校に進学するときから始まったサッカーで渡り歩く人生を、実家の家族は温かく見守ってくれた。今でも、SFCのクラブスポンサーとして側面から応援してくれているという。

このような「家族に支えられたサッカーのある生活」を送ってきた三人が関わりながら運営しているの

がSFCなのである。SFCを運営し始めた二〇一五年、未来さんは以下のように語っていた。

――毎日の生活は、日中は一歳半の娘の子育て、一八時からSFCのスクール、二二時からフットサルチームの練習。そのため、家事は基本的にお義母さんに任せている。七〇代のお義母さんには本当に迷惑をかけているので、サッカーで良い成績を出して、恩返ししたい。

金沢夏樹ら[2003]は、家族経営の強みとして、①日常のコミュニケーションの優位性、②協業調整・労働調達の柔軟性、③継承の柔軟性、④家計の柔軟性、⑤地域とのつながり・相互扶助の柔軟性という五つの柔軟性を挙げている。家族経営では、日常のコミュニケーションを通じて意思決定と合意形成が比較的スムーズに行われ、労働の協業調整や調達、経営の継承が柔軟に行われる。そして、経営の短期的リスクを家計で回避することができ、生産生活を通じた地域における相互扶助が期待できるというのである。SFCでは真平氏、未来さん夫婦はもちろん、時には秀夫氏との日常的な会話を通して、経営に関わるさまざまな合意形成がなされている。そして、秀夫氏は、指導や送迎のピンチヒッターとして常にスタンバイしている。また、先の未来さんのコメントからも分かるように、義母の存在はリスク回避、協働調整として機能している。SFCのスタッフには、秀夫氏の教え子である寝屋川SCのOBが多く含まれており、また近隣の少年サッカークラブで指導している寝屋川SCのOBもいる。地域での相互扶助関係を構築していく基盤がすでに存在している。このように、ここまでのSFCの順調なクラブ運営の背景には、「家族経営」としてのクラブ運営があったと推察される。この「家族経営」というクラブ運営の在り方は、「コーチみんなで見てあげる」というサッカー指導の在り方にも反映されている。多くのクラブが行っているような学年担当や、カテゴリー別の専属のコーチをつけるのではなく、複数のコーチが関われるような仕組みを作り上げているのである。まさしく、「大家族」の中で子どもが育つような指導の在り方である。本章の冒頭でも紹介した「家族のような集団になる」というクラブコンセプトを実践しているといえるであろう。

最後に、櫻田家の三人にインタビューをしているときに感じたのは、情緒的な言い回しになるが「家族の絆」ということである。徳野貞雄[2007]は、「家族と村は選べない。これが共同体の原則です。共同体の原型は家族であり、この延長上に親族があり、近隣社会があって、ムラができているのです」と述べている。そして、家族には、生産共同の機能、消費共同の機能、性的欲求充足機能、子どもの生殖と養育機能、生活拡充機能、精神的安定機能の五つの機能があるが、現代社会ではいずれの機能も家族の外に「外注」されるようになったという。徳野は、五つ目の精神安定機能のことを「家族の絆」とも表現し、それは独立して機能するものではなく、他の四つの機能がお互いに補完し合うことでもたらされると指摘している。現代社会では農業時代と異なり、四つの機能の中でも特に生産共同の機能は家族の中で低下していった。生産共同の機能が減少した現代社会では、「家族の絆」を感じとる機会も減少しているといえるのである。櫻田家では、少年サッカークラブを「家族経営」することで生産共同の機能を維持し、他の機能と補完し合いながら、精神安定機能（「家族の絆」）が発揮されているのであろう。

【第7章】グローバルからローカルへ

1　中村彰宏氏のサッカー人生——海外での活躍と故郷への回帰

最後に取り上げるのは、シンガポールの少年サッカークラブ「グローバル・フットボール・アカデミー（Global Football Academy）」（以下、GFAとする）と埼玉県幸手市の上高野少年サッカークラブ（以下、上高野SCとする）である。この二つのクラブをつなぐ人物は中村彰宏氏である。中村氏は二〇一八年までGFAの代表を務め、帰国後、二〇二〇年から出身地の幸手市で父親が創設した上高野SCの代表を務めている。なお、中村氏及びGFAの活動については、筆者の共同研究者である村田周祐[2019]と金明美[2019]がすでに報告している。村田はグローバルな社会移動を繰り返す人々にとってのGFAの意味について、金はトランスナショナルなコミュニティ形成という視点からGFAの運営の在り方を検討している。そちらも参考にしていただきたい。

――偶然手に入れたSリーガーへの道

中村氏は、一九七七年に埼玉県幸手市で生まれた。小学校では、当時、父親が代表を務めていたスポーツ少年団の上高野ＳＣで、中学校では部活動に所属しプレーしてきた。同年代のチームメイトには能力の高い子どもたちが集まっていたことから、小学校では県大会出場、中学校では埼玉県で優勝するなどの好成績を残した。中心選手だった中村氏は、高校進学時にサッカー留学をすることを決意し、千葉県の東海大学浦安高校に進学した。高校時代は、全国大会出場はなかったものの、強豪校の集まる千葉県で常に上位を争い、チームでは副キャプテンを務めた。

大学は、系列校の東海大学に進学し、神奈川県リーグ所属ではあったが、四年次には関東大学リーグ二部に昇格した。当時を振り返り「Ｊリーグにいけるレベルではなかった」という中村氏は、一般企業（東京都）に営業職として就職した。就職したころは、「大学でサッカーをやりきった感があった」ので、遊びでフットサルをしていたぐらいであった。ところが、社会人二年目に、シンガポールのプロサッカーリーグ（Ｓリーグ）のチームが、日本人選手獲得のためのセレクションを開催するという情報を得て、偶然にも仕事が休みだったこともあり、受験することとした。結果、「とりあえず受けてみたら合格」したということであったが、その頃、知り合いのＪリーグのスタッフや選手の話を聞く機会などもあり、もう一度サッカーをしたいという気持ちになっていた。中村氏は、プロサッカー選手になることを決断し、すぐに会社に辞表を提出した。会社側は「夢」を追いかけるのであればということで、快く送り出してくれたという。

――シンガポールへ

二〇〇二年にSリーガーとなった中村氏は、二〇一二年までの一一年間、計六チームに所属し、Sリーグにおける日本人最長在籍期間及び最多出場試合を記録した。日本人プロサッカー選手だけでなく、ローカルの選手やシンガポールサッカー協会の関係者にも一目置かれる存在となった。Sリーグ在籍三年目には、高校・大学で同級生だった女性と結婚した。プロサッカー選手としての生活も安定し始め、海外で働くことを希望していた彼女の就職先がシンガポールで得られたのを機に結婚を決意したのである。その後、中村家では、四人の子ども（長女と三人の男の子）に恵まれ、二〇一九年に帰国するまで家族六人で暮らしてきた。

中村氏は、プロサッカー選手として活躍する一方で、少年サッカークラブであるGFAの設立に向け動き出していた。そのきっかけは、Sリーグ三年目に、所属していたアルビSの下部組織（少年サッカースクール）の立ち上げに関わったことにある。アルビSには一年間所属し、ローカルチームへと移籍することになったが、少年サッカースクールの指導で知り合った駐在員の子どもたちへの個人指導を依頼されたの

RHB Bank

Nakamura eyes Cup glory

My team-mates and I want to do well in the RHB Singapore Cup, especially because the winners will be able to take part in the AFC Cup. It is our dream to play in that competition

With homework done, Steinebrunner's confident

中村氏を特集した現地の新聞

である。二〇〇五年に始めた三人の子どもたちへの公園での指導がGFAのスタートとなり、その後、所属したローカルチームの育成部門の関連事業として週二回のサッカースクールへと展開していった。

そして、アルビSのサッカースクールの活動中に知り合ったのが、のちにGFAの共同経営者となる斎藤泰一郎氏である。斎藤氏は、中村氏よりも早くシンガポール（二部リーグ）でプレーしていた人物である。二人は少年サッカースクールの指導をしながら、日本人駐在員の子どもたちを対象にした少年サッカークラブの事業化を構想したのである。その後、斎藤氏はオーストラリアの三部リーグやガーナリーグでプレーすることになったが、再びシンガポールに戻ってきたときに、中村氏のサッカースクールの法人化について検討し始めた。そして二〇〇九年、中村氏は現役Sリーガーという立場のまま、斎藤氏と共同出資しGFAを法人化したのである。さらに、二〇一一年の引退（二〇一二年にローカルチームからの要望で一度再契約した）を機に、後述するように、フットサルスクール、レディーススクール、Sリーグトライアウトへと次々と事業を拡大した。

結果、二五歳でシンガポールに渡った中村氏は、Sリーガーそして少年サッカークラブの指導者として一七年間を現地で過ごした。当初は、「二～三年プレーして帰るつもり」だったが、ローカルの強豪チームに移籍することができたことや妻がシンガポールで就職したこと、また徐々にサッカースクールの子どもたちが増えてきたこともあり、日本に帰る気持ちはなくなったという。経済的にも安定し、郊外のマンションを住居として二名の家政婦を雇う暮らしぶりだった。

しかし、二〇一四年に自らのサッカー人生の最大の理解者であった父親が亡くなった。少年時代に所属した上高野SCを立ち上げ、自分のサッカー人生を力強く支えてくれた父親の死は、その後の人生や家族のことを考える契機となった。さらに、子どもたちが成長するにつれ、将来日本に戻るのであれば、日本での教育を受けたほうが良いのではないかと考えるようになった。加えて、父親の後を継いで電設会社の社長となった兄にも相談したところ、帰国し会社に勤めるように勧められた。結果、二〇一九年に斎藤氏との話し合いのもと、GFAを日系企業に売却し、家族で帰国することになった。

2―シンガポールで少年サッカークラブを立ち上げる

[1] グローバル・フットボール・アカデミーの運営

それでは、中村氏が斎藤氏とともに創り上げたGFAとは、どのような少年サッカークラブだったの

GFAのキッズスクールの様子

であろうか。確認してみよう。筆者が現地調査を行った時点(二〇一六年)で、会員数は約五〇〇名(サッカースクール約三五〇名、フットサルなどの会員約一五〇名)で、スタッフは中村氏、斎藤氏のほか二名の日本人正職員と、アルバイトのローカルコーチ(プロ)四名であった。会員のほとんどは日本人駐在員の子どもたちだが、数名の欧米人やローカルの子どもたちも在籍していた。大半が日本人であることから、使用する言語は日本語であり、練習風景は日本の少年サッカークラブと何ら変わりがない。

少年サッカーチームとしての試合は、日本人大会(シンガポール日本人会主催など)や他のクラブ主催の大会が年間を通して数回開催されている。ジュニアユースのチームは、マレーシアやカンボジアで開催される大会に出場することもある。シンガポール国内の日系人のジュニアサッカースクールはGFAのほか、アルビSの育成チーム、「ジュート」(元日本代表選手が主催するクラブ)、日本人会が運営するスクールの四つが活動している。GFAのジュニアチームの月会費は、週一回コースで八〇シンガポールドル(約六五〇〇円)と他の欧米系のスクールよりも安価な設定になっている。また、二〇一三年には子どもたちの多くが通っている二つの日本人学校を巡回して練習会場に送迎するバス(有料)を用意し、安定的な会員獲得につなげている。

表2　GFAのスクール事業週間スケジュール

	午前	午後	夜
月曜日	休み		
火曜日	レディースフットサル	キッズスクール	
水曜日		ジュニアスクール	
木曜日	レディースフットサル		
金曜日		キッズ・ジュニアスクール	男女フットサル
土曜日	ジュニアスクール キッズスクール		
日曜日	ジュニアユース 女子・キッズジュニアスクール		

――さまざまなサッカービジネスの展開

ＧＦＡの中心事業は、少年サッカースクール（教室）であり、その中からチームとして活動する選手たちを集め大会等に出場する。しかし少年サッカースクール（表2）以外にも、大人のフットサル教室や大会の主催、幼稚園での運動指導、スポーツビジネスを志す日本人インターンシップ生の受け入れなども手がけている。

また、中村氏、斎藤氏のようにシンガポールでのプレーを希望する日本人選手をＳリーグチームに斡旋するトライアウト事業も行っている。このトライアウト事業の一環として、二部リーグに所属するクラブの運営にも乗り出した。二〇一三年にデヴィジョン1（二部リーグ）の「ユーノス（Eunos）」の運営を開始し、ＧＦＡのスタッフ四人が監督・コーチ・選手として在籍するＧＦＡのトップチームという位置づけにあった。日本から来てプロ契約を目指す選手たちの中には、このクラブ（アマチュア契約）でプレーしながらＳリーグチームへの移籍を目指す選手もいた。同時に、彼らはＧＦＡのアルバイトスタッフとしてスクール事業の貴重な戦力ともなる。このほかにも、障がい者向けのサッカー大会の開催などのＣＳＲ事業も展開し、シンガポールのサッカー振興に寄与する活動にも取り組んでいた。

現地の障がい者チームとＧＦＡスタッフ

――ＧＦＡのスタッフたち

このように少年サッカー指導を中心にさまざまなサッカービジネスに挑戦しているが、それを支えるスタッフについて、二〇一四年の調査時の状況から確認しておこう。当時は、中村氏、斎藤氏以外に二名の職員と一名のインターンシップ学生（三か月）が従事していた。職員の一人周詞氏は、長崎県の国見高校、国士舘大学と国内のサッカー強豪校で実績を積み、Ｓリーガーになることを目指してＧＦＡのスタッフとして働いていた。ＧＦＡが運営する二部チーム「ユーノス」でプレーしながら、サッカースクールのコーチや幼稚園の体育指導に携わっていた。もう一人の鈴木氏は、学生時代からスポーツビジネス業界への就職を希望していたことから、二〇一二年に一年間インターンとして働いたあと、大学卒業と同時にＧＦＡの契約社員になった。スクールの運営業務を中心とした事務的な仕事のほか、スクール指導も行っていた。インターンとしてスクールの指導を手伝っていた福井さん（女性、仮名）は、早稲田大学を卒業後、海外でのスポーツビジネス研修の一環として、三か月間、GFAのスタッフとして働いていた。しかし、二〇一九年の調査時には、インターンを含む三名の職員はすべて入れ替わっており、後述する〝お父さんコーチ〟を含め、中村氏、斎藤氏以外のスタッフは流動的である。

[2]〝GFAファミリー〟の形成

さて、GFAの活動の最も大きな特徴は、シンガポールの日本人コミュニティにおいて、いわば〝GFAファミリー〟というべき、サッカーを通した緩やかな関係性を築いている点にある。外務省のデータによると、二〇一七年の在シンガポール日本人は三万六四二三名となっている。駐在員の話では、シンガポールには日本人向けの店舗や習い事、集まりなどがあり、この日本人コミュニティの中で生活の大部分を送ることができるという。この日本人コミュニティにおいて〝GFAファミリー〟はいかにして構築されているのであろうか。

――日本的なもの

次頁上の写真は、毎年ホテルで開催されるクリスマスパーティーの様子である。参加者は総勢二〇〇名以上にもなる。小学生から中学生の各学年で出し物を披露するほか、一年の締めくくりとしてその年の活動を編集した動画が映し出され、さまざまな個人賞が授与される。

（上）クリスマス会（ＧＦＡ10周年記念パーティー）の様子
（下）ジュニアスクールの前に勉強を教える中村氏とスタッフ

ＧＦＡの子どもたちの多くは駐在員の子どもたちであるため、多くは三年～四年でシンガポールを離れることになる。つまり、短期間での「別れ」を前提とした集団といえる。父親の仕事によっては、数か月後にシンガポール（ＧＦＡ）にいるかどうか、定かではない子どももいる。だからこそ、子どもたちだけでなく、その活動を支える親たちも一生懸命にＧＦＡの活動に関わろうとする。このクリスマス会では、動画の撮影・編集から当日の司会・運営などすべて親たちが担っている。どことなく、日本の学校で卒業時に行われている「謝恩会」の雰囲気を感じさせる会でもある。このクリスマス会のほかにも、親子サッカー大会、保護者の親睦会など日本の少年サッカークラブで「よく見かける」イベントが用意されている。

また、右下の写真は、ジュニアスクールの前に日本人学校からの送迎バスで早めに到着した子どもたちに、練習会場で宿題を教えている様子である。

駐在員の子どもたちは、日本人学校（シンガポールには二校）か現地（ローカル）校、あるいはインターナショナル・スクールに通っているが、日本人学校に通っている子どもが圧倒的に多い。それにはさまざまな理由があると思われるが、母親たちに確認すると、「いずれ日本に戻ることになるので、日本の教育や習慣に慣れていて欲しい」という答えが返ってくることが多い。そして、他のサッカースクールと比較してなぜGFAを選択したのかという質問には、「挨拶をしっかりやったり、練習方法が〝日本的〟だったから」と答えていた。

キッズスクールの子どもたちの着替えを手伝うコーチ

参与観察を通して感じたのは、その〝日本的〟というのは、中村氏が意識して持ち込むものではなく、コーチと子どもたち、子どもたち同士、コーチと保護者との関係のあり様を示しているのではないかということである。学校の宿題を一緒に見てあげることもその一つであるが、サッカー指導場面以外での関わりが非常に多いことが印象的であった。また、中村氏が、グランド外で子どもや保護者と笑顔で話している姿を頻繁に見かけた。その話の中で、長くシンガポールに居住する「先輩」として生活上のアドバイスを送ることもある。そのような日常的な関係性があるからこそ、先のような「クリスマス会」の雰囲気が創り上げられるのではないかと思われる。

このように、GFAの中にはいくつもの「日本的なもの」が存在する。先に指摘したように、いずれ日本に帰るという環境的条件が影響していることは言うまでもない。それに加えて、一時的であれ共に活動する集団として、「家族」

のようにありたいという中村氏の思いもあるように思われる。筆者と雑談する際に、自身の家族の話を聞くことがあったが、それと同じような口調でＧＦＡの子どもたちのことを語っていた。ＧＦＡに集う人びとはそのような中村氏の言動に「安心感」を覚え、次に示す〝お父さんコーチ〟のように積極的にＧＦＡに関わる人たちが現れてくるのである。

――お父さんコーチ

これまで本書ではお父さんコーチについてたびたび言及してきた。この日本式ともいえるボランティアスタッフはＧＦＡにも存在し、貴重な戦力となっている。ここでは三名（すべて仮名）のお父さんコーチへの聞き取り調査をもとに、ＧＦＡとお父さんコーチの関係について確認する。

石本氏は、日本で大学や社会人リーグでのプレー経験をもつお父さんコーチである。長女が六歳の時、偶然見たフリーマガジンでＧＦＡのナデシコ（女子）のサッカースクールがあることを知り、体験レッスンに参加し入団を決めた。当初は、送迎等もあり大変だと思っていたが、石本氏自身や妻も大人のフットサルスクールに参加するようになり、家族全員が〝ＧＦＡファミリー〟の一員となった。中村氏からは、大人のフットサルの練習中に声をかけられ、女子チームのお父さんコーチに就任した。石本氏は、ＧＦＡとの関わりを次のように語っている。

中村さんとは同じ年で、GFAそのものも素晴らしいですけど、中村さんのように海外でこんなにチャレンジをしている人がいるんだなあと刺激と感銘を受けてお手伝いしたいと思い、今に至った。親子ともどもいろんな経験と刺激を与えてもらっている。サッカーのつながりというのは本当に凄いんですよね。

松下氏も、高校までサッカー経験があるお父さんコーチである。二〇一二年にシンガポールに赴任して半年後に、GFAのスポンサー企業（日系の現地法人）に勤める友人の紹介で長男が入団した。自身も、石本氏と同じように大人のフットサルに週二回参加するようになり、二〇一四年に中村氏に誘われお父さんコーチに就任した。長男が入団する際には、シンガポールにはGFAのほかにアーセナルやアルビSなどのスクールがあることは知っていたが、最初の体験レッスンで「すぐに気に入った」ので、他のスクールを見ることなく入団を決めた。その時の様子を次のように語っている。

自分も小学校の時サッカーをやっていたので、自分のもっているサッカー観と一致した。サッカーの練習もそうですけど、一番は挨拶だとか、サッカー、スポーツに対する向き合い方とか、社会に対する向き合い方とかが一致しているところに惹かれた。挨拶するというところがしっかりできているので、コーチの人たちも含めて、だから見ていて気持ちが良いです。

シンガポール在住八年の青田氏はGFAのお父さんコーチ歴も七年と長い。長男が小学校二年生の時にお父さんコーチに就任し、そのカテゴリーを持ち上がり指導してきた。長男が入団した時は、まだ中村氏は現役のSリーガーであり、本格的なスクール事業を展開する前のことであった。当時、中村氏がお父さんコーチを勧誘した様子を次のように語っている。

たまたまGFAに子どもが入って、半年後に、自分も日曜の朝に練習に顔を出すようになって、コーチと一言二言話すようになって、そのうちお父さんたちとボールを蹴るようになったんですよ。蹴り始めたお父さんの中で少し経験のある人が中村さんの目にかなって、ちょっと指導してみませんかとオファーがあって。そういうお願いが得意ですよ、中村さんは。

また、お父さんコーチではないが、GFAのお父さんチームである「スワンズ」のキャプテンを務める荻原氏(仮名)も、長男がGFAに入団したのをきっかけに自身もサッカーにのめりこんだ一人である。長男が四歳の時にサッカーをやりたいということで、いくつかのスクールの体験レッスンに参加したが、「他のチームには息子が興味を示さない。二、三回行ったらいやだと言って辞めた。で、GFAには行きたいというので」入団することにしたという。そして、長男の練習を見に行くうちに自分でもやってみたくなり、フットサルに参加した。その後は「スワンズ」のキャプテンも務め、週末には欠かさず試合に参加するようになったという。

以上のようにGFAでは、少年サッカースクールに入団する子どもたちだけでなく、家族を巻き込みながら活動を展開している。このような仕組みは、日本ではスポーツ少年団などの地域のスポーツクラブではよく見かけるものであるが、民間企業としてサッカースクール事業を行うクラブでは珍しいものである。それは、サッカー指導というサービスがクラブ経営の根幹に関わるからである。しかし、GFAでは積極的にお父さんコーチを登用し、実際にクラブ運営の重要な戦力となっている。シンガポールにおける日本人コミュニティの中に存立するという特殊な状況が影響しているのかもしれないが、前述の「日本的なもの」と同じように、中村氏が求める組織づくりや関係性のあり方がそこには反映されていると考えられる。

親子サッカーの様子

――〝アキさん〟というアイコン

中村氏は現地では「アキ」と呼ばれている。筆者が、中村氏に同行してナショナルスタジアムを視察に行った際には、通りかかったシンガポールサッカー協会の関係者や元国家代表選手が笑顔で「アキ！」と声をかけてきた。中村氏のSリーグでの実績は輝かしいものがある。しかし、それだけではなくシンガポール国内の複数チームでプレーし、また、日本人選手を斡旋する中で築き上げてきた、ローカルとの信頼関係があるように見受けられた。

また、日本人コミュニティにおいても中村氏に対する厚い信頼がある。GFAのユニフォームにはいくつかのネームスポンサー（日系の現地法人が多い）がついているが、そのほとんどの契約交渉は中村氏が担っており、スポンサーとの橋渡しをしてくれるのが、GFAに家族で関わる駐在員の人たちなのである。このような〝応援団〟が中村氏のまわりには存在しているのである。

その応援団の一つが前述のお父さんコーチであるが、石本氏が「アキさんのように海外でこんなにチャレンジをしている人がいるんだなあと刺激と感銘を受けて、お手伝いしたいと思って」と語るように、また青田氏が「お父さんの中で少し経験のある人がアキさんの目にかなって、ちょっと指導してみませんかとオファーがあって。そういうお願いが得意ですよ、中村さんは」と語るように、まさに「中村氏だからこそ」形成された〝応援団〟といえるであろう。

さて、二〇一九年、中村氏はこのように順調に経営してきたGFAを売却し、日本に帰国することを決断した。子どもの教育環境や家族での生活を考え、また父親の跡を継いで電設会社の社長となった兄の勧めもあったからである。帰国後は、兄の会社で働きながら、父親が創設し、兄弟が育った少年サッカークラブをボランティアで指導することとした。

中村氏の父親が一九八一年に創設した「上高野少年サッカークラブ」は、幸手市の郊外に位置する上高野小学校の児童を中心に、上高野小学校グランドおよび幸手市少年サッカー場を主な活動拠点とする、スポーツ少年団である。

中村氏は、帰国してしばらくは指導の手伝いという形で加わっていたが、二〇二〇年度からは前クラブ代表の出井氏のあとを引き継いでいる。初代の代表は創設者である中村氏の父親で、その後長い間出井氏が代表を務め、中村氏は三代目となる。

3 ― 帰国、そして上高野SCの継承

――上高野SCの現状

練習会場となる幸手市少年サッカー場は、一九八五年に小学校跡地(児童数増加に伴い、近隣に移転)の利用に際し、中村氏の父親が町長(当時は幸手町)に陳情し整備されたものである。そのころ町では、八つの小学校でそれぞれ少年サッカークラブが活動しており、その拠点施設としていつでも使えるグランドを確保したかったということであった。現在、幸手市の小学校は六校になり、少年サッカークラブも四つに減少した。平日はそれぞれの地域の小学校を使用しているが、週末はクラブ同士で調整しながら、少年

幸手市少年サッカー場で練習する上高野SC

サッカー場を使用している。学校開放利用では、雨天時や他団体の調整などで活動が制限されることがあるため、貴重な練習会場となっている。グランドの周りに張り巡らされた防球ネットは地元のネット販売会社から、柱は中村氏の父親から寄贈されたもので、管理棟・トイレ・物置などを幸手市が整備した。管理は、四つの少年サッカークラブで組織する幸手市少年サッカー連絡協議会が行い、市の予算や市サッカー協会から支援を受けて物品等をそろえている。

現在(二〇二〇年)のクラブ員数は、一年生三人、二年生九人、三年生六人、四年生七人、五年生一二人、六年生一二人で合計四九名となっている。幸手市及び近隣の市でも少年サッカークラブの数が減少したこともあり、上高野小学校以外の子どもたちが半数以上を占めている。水(ナイター)、土、日曜日を活動日とし、三年生以下二〇〇〇円、四年生以上二五〇〇円の月会費を納めることになっている。中村氏が代表に就いてからは、五・六年を宮杉氏(クラブ全体の監督)、三・四年を中村氏、一・二年を大川氏(仮名:ヘッドコーチ)が担当し、各学年にお父さんコーチが張り付いてサポートするという指導体制をとっている。

それまではクラブ監督の出井氏のもとに各学年のお父さんコーチが張り付き、各学年の中心的なお父さんコーチがヘッドコーチとして学年をまとめるという方式だった。そのため、お父さんコーチの人数や熱心さによって学年の雰囲気が大きく変わり、活動に格差が生じていたという。それを解消するために、高学年・中学年・低学年にそれぞれ専任のヘッドコーチを配置し、そのサポートにお父さんコーチをお願いすることになった。宮杉監督とヘッドコーチには月額、お父さんOBコーチには一回ごとの謝金があり、お父さんコーチには謝金はない。

クラブの年間行事として、五月の連休中にバーベキュー大会があり、コーチ、選手だけでなく、家族やOBたちが集まり親子サッカーやレクリエーションなどを行う。クラブ創設後間もない頃から開催しており、三〇年以上続いている行事である。また、育成会（保護者による後援会組織）主催による夏合宿やクリスマス会なども行われている。夏合宿はその年の担当学年の保護者が企画することになっており、練習試合を組むこともあればレクリエーションを中心に開催することもある。行先もさまざまであり、旅行会社に外注することもある。クリスマス会では、育成会が豚汁を用意し、選手全員の家族紹介が行われる。このような、サッカーの活動にとどまらない親交的コミュニティの様相は、中村氏がシンガポールのGFAで実践してきた活動の原点となっているのではないかと思われる。

――第二代代表出井氏

中村氏の父親の跡を継いでクラブ代表となった出井氏（七〇歳）は、三七年間、上高野SCで監督・代表を務めてきた。クラブ設立二年目（一九八二年）に長男（中村氏と同級生）が入団するのをきっかけにお父さんコーチになった。学生時代はサッカーの経験はなかったが、就職後に社会人リーグでプレーした。長男が六年生の時には監督として、地区予選を勝ち抜き埼玉県大会に出場した。当時のチームには中村氏以外にも、のちにJリーガーになった選手もおり、進学した地元の中学校のサッカー部では埼玉県で優勝するほどの実力があった。長男に続き次男も上高野ＳＣに入団した出井氏は、年々サッカーの指導に熱が入るようになった。夏休みには会社に出勤する前に毎日朝練を行い、土日も一日も休まず練習した。また、一〇年間ほど茨城県に転勤（単身赴任）になったが、その間も毎週土日は自宅に戻り指導にあたっていたという。雨が降らない限り毎週土日はサッカーの指導に費やしていたので、「雨が降ったら家庭サービスをするよ」と妻に言っていたという。

出井氏はこれまでを振り返り、「子どもたちに感謝している」ということを繰り返し語り、現在の状況について次のように述べていた。

本当は孫とボールを蹴りたかったけど、今いる子どもたちがみんな孫みたいなものだから。感謝の気持ちがあるのでやれる。クラブの代表はやめたけれども、顧問として残っており、市サッカー協会の役員も継続している。土日の試合には必ず見に行こうと思っている。子どもの成長が楽しみで、声をかけてあげたい。

――クラブの抱える課題

一方で、出井氏はクラブが抱える大きな課題としてクラブ員数の減少を挙げている。前述したように、現在は上高野小学校以外の子どもたちを含めて各学年一〇名前後を確保するのが精一杯となっている。近年は六学年合わせて二〇名を切る年もあったという。また、子どもや保護者がクラブを選ぶ時代になり、お当番などの育成会のあり方を見直す時期にも来ている。クラブの状況やコーチの指導については保護者間で多くの情報が流れており、クラブに対する「評価」を気にかけるようになったという。ボランティアで関わってもらっているお父さんコーチについても、指導方法や指導者間の人間関係など、クラブとしての統制を取る必要があると感じている。そのためクラブでは、毎月第一日曜にコーチ会を開催し、サッカー協会からの報告事項のほかに、子どもたちの状況や指導法に関する情報を交換している。

クラブ監督の宮杉氏（三六歳）は、お父さんコーチを終えた（長男が卒業した）あとも指導者として残り、中村氏の強い要望もあって監督を引き受けた。上高野SCでのコーチ歴は九年目（二〇二〇年）となるが、医療関係の営業職で忙しく、また長男が中学校でサッカーを続けていることもあり、悩みながらクラブ監督を引き受けたという。宮杉氏も、出井氏と同様に育成会やコーチの指導に関する課題を指摘していたが、以下のコメントに示すように、少年サッカーの指導に携わっていくこと自体への悩みも大きいようであった。

毎週土日に休みがなく、平日も他チームとの連絡などの事務仕事や会合が入ってくるので、ある程度家庭を犠牲にしないとやれない。サッカーの指導者というのは本当に面白いと思うが、そのような犠牲を払ってこのまま続けていけるかは分からない。

4 少年サッカークラブがローカルであることの意味

二〇二〇年七月現在、国際サッカー連盟(FIFA)に加盟する国と地域は二一一を数える。国際連合(国連)加盟国の一九三、国際オリンピック委員会(IOC)が承認する国と地域の二〇六を上回る。J・リーヴァー[1996]は、「国連は現実の国家間衝突を平和裏に解決しようとしているが、亀裂は非常に深く、全世界の統合を達成するのは不可能である」とし、一方「FIFAは、加盟国が受け入れなければならない、首尾一貫した拘束力のある一連の基準や規約を確立することで、世界規模の集合意識を形成することに成功する。遊戯の世界の闘争における非難決議は、現実に結果をもたらす」とその国際的な役割を高く評価する。

岡田千あき[2014]によると、「スポーツを通じた開発」に関する国際的な情報を集めたサイト「International Platform for Sport and Development」[https://www.sportanddev.org/en]では、登録団体五二四のうち二八二がサッカーに関わる団体であり、紹介されているプロジェクト二〇〇件のうち一一三件がサッッカーに関わる活動となっている。岡田は、内戦中のボスニア・ヘルツェゴヴィナで出会ったサッカー少年に関して「『サッカー』というスポーツに、人々のプライドや生き様を示すかのような大きな存在感と、日常生活に溶け込んできた長い歴史を感じた」と述べている。そして、サッカーの持つ力について「個々の地球規模の課題を解決に導く力を持ち合わせていないのかもしれない。しかし、ミクロな視点から、人々の生活の一部、あるいは生活の中の課題を解決する媒体としてサッカーを捉えるならば、他者とのコミュニケーションの場となったり、ライフスキルの獲得を可能にしたりといった、さまざまな効果が期待できる」と主張する。

このように、グローバル社会の象徴的な立ち位置にあるサッカーは、ローカルな局面でも人びとをつなぐ役割を持つと高く評価されている。J・リーヴァーは「世界でもっとも人気の高い団体スポーツとして、大衆文化の中で、サッカーほど共同体的経験を生み出すものはない」とし、「サッカーは『スポーツ界のエスペラント語――言語や文化の垣根をものともしない、人間のつながりの一形態』と呼ばれてきた」と指摘する。

中村氏は、まさしくサッカーのグローバルな局面で活躍し、サッカーの持つ力で人びとを「つなぐ」ことでGFAのクラブ運営を成功させてきたかのように見受けられる。しかし、そのように「サッカーの持つ力」だけで説明することは妥当なのであろうか。筆者はそれだけではないと考える。このことを理解するためには、帰国後、衰退しつつある地元の上高野SCの運営に携わり続ける状況も含めて検討する必要がある。

——「地域性」がつなぎ、持続させる

上高野ＳＣでは、長年、クラブ代表を務めてきた出井氏が、一見、家族生活を犠牲にしながら少年サッカーの指導に携わってきたかのようにみえる。また、監督の宮杉氏も、家族のことを考えこのまま続けることができるか悩みながら指導にあたっている。なぜ、そうしてまで少年サッカーの指導に携わろうとするのであろうか。そこには少年サッカークラブのローカリティがあるのではないかと筆者は考える。結論を先取りすれば、ＧＦＡも上高野ＳＣも、永く活動を続けてきたことによって、当該の地域やコミュニティにおいて「存在」すること自体に意味を持つようになったのではないかということである。期間限定の駐在員家族を対象とするＧＦＡはもちろんであるが、上高野ＳＣもその会員構成は、上高野小学校から幸手市全域、そして幸手市外へと広がり、流動性も高くなりつつある。そのような状況においても、ＧＦＡがシンガポールの日本人コミュニティに「存在」すること、上高野ＳＣが上高野校区に「存在」することと自体に意味があり、そこに関わる人びとは当然のように持続させようとするのである。

内山節[2010]は、村社会で形成される小グループを「小さな共同体」と呼び、「共有されたものを持っているから理由を問うことなく守ろうとする。あるいは持続させようとする」という。さらに、「小さな共同体というものを軽くとらえている。とりあえずは結びつくグループぐらいに考えておけばよい」と述べ

ており、それに倣えば、サッカーというスポーツの気軽さと実体的関係性の在り方が、人々を結びつけていくグループの形成に重要な役割を果たしていると理解される。

しかし、当然ながら、地域やコミュニティと何の関わりもなく活動するクラブが、そのような「小さな共同体」的な集団として存在するわけではない。利潤目的で創設されたクラブであれば、「儲からなければ」そこから立ち去ることになるであろう。では、上高野ＳＣのローカリティはどのように形成されてきたのであろうか。

一つは、長年の活動を通して形成された象徴的な出来事や人物の存在があり、それが記憶や活動として引き継がれているということである。例えば、中村氏の父親が練習場として提供した「中グラ」もその一つである。次頁の資料に示すように、クラブの『二五周年記念誌』[2006]には、設立当時は野球が盛んであったため思うように学校のグランドが使用できなかったことから、中村氏の父親が自分の土地を提供し自前のグランドを作ったことが第一部の「歴史」に記述されている。今では使われなくなったが、この「中グラ」ができたことにより、上高野ＳＣの活動の特徴である夏休みの「朝練」が始まり、今も続いている。また、この『二五周年記念誌』には、各年度の大会成績だけでなく、指導者一覧、会計収支報告、育成会役員一覧など細かな資料が掲載されている。これらの資料は、四〇年近くたった現在も作成され引き継がれている。

もう一つは、固定的ではないが一定の範域性を持つということである。少子化に伴い会員を維持するる。設立当初、メンバーは6年生が2人、5年生は松角さん、中村さん、菊地さん、遠藤さん、大野さん、中野さんの息子さん達など。やっとひとチームできるくらいの人数でスタートした。

こうして子ども達の夢、上高野サッカーが誕生した。しかし、クラブの運営は順調ではなかった。小学校の校庭が思うように使えなく、週1回2時間程度の練習がやっと。校庭は野球が優先、後発のサッカーはなかなか貸してもらえなかった。練習場の確保はクラブの死活問題、子ども達に申し訳ない思いがつのった。そんな歯がゆい思いをなんとかしたい。思いっきりボールを蹴りサッカーの楽しさを実感させたい。と専用グラウンドを作ってしまったのが、またまた中村さんだ。

◇　◇

中村グラウンド　通称「中グラ」

現在は資材置き場となっている

そのグラウンドは南2丁目さざなみ集会所の反対側に存在した。現在も面影は残っている。グラウンドは防球ネットで囲まれ、ゴールも備え付けられたサッカー場だ。「うちは電設会社だから柱は電柱の廃材を利用し、ネットは知り合いの業者から発注間違いの良品を格安で譲ってもらい作ったんですよ。作らなきゃ練習できなかったからね。」と中村さんは笑い飛ばす。

今の学年で中村グラウンドを知っている子どもはほとんどいないかもしれない。僕の記憶では、現在6年生の永井君が1年生の時に一緒に練習したのが最後のような記憶がある。校庭が使えないときは中グラに練習変更の連絡網が回ったりした。大会に行く前にここで練習してから会場に向かうと結構成績が良くて、コーチ達にとっても思い出のあるゴラウンドだった。「昔は久喜キッカーズが練習場として借りに来てたよ。専用グランドがないからありがたかったんじゃないかな。また、中学生がよく自主練していたな。サッカーがない日は近所の子ども達が野球をしてたり、いつも子ども達が遊んでいる広場だったね。今はネットを外し畑と資材置き場になっているけど、思い出のある練習場だっ

上高野少年サッカークラブ『25周年記念誌』より

ため、またモビリティの発達という社会状況のなか、クラブの対象エリアは拡大していく。しかし、「上高野」という名称のもと、一定の範域、つまり日常的に交流のできる範囲は維持されているのである。その時の社会状況によりその範域は変化するが、その中で上高野SCの活動は認知され、地域に「存在」し続けるのである。

同様のことは、シンガポールのGFAでも指摘できる。本章ではGFAが活動を継続するうえで、「日本的なもの」「お父さんコーチ」「〝アキさん〟というアイコン」が大きな役割を果たし、「GFAファミリー」が形成されてきたことを明らかにした。「GFAファミリー」は、さまざまな活動を通してシンガポールの日本人コミュニティにおける「小さな共同体」として「存在」してきたのではないかということである。果たして中村氏が、それを意図し

て創り上げてきたのかは定かではないが、その活動のあり方は、父親の作った少年サッカークラブとの関わりの中で身に着けたものと思われる。クラブ経営におけるサッカー指導というサービスの需要供給の関係にとどまらない、日常的な関係性をベースにした活動のあり方である。「アキさん」を中心に繰り広げられる日常的なやり取りや、クラブのさまざまな活動を通して紡ぎだされる関係性を、〝GFAファミリー〟に関わる人びとは当然のように持続させようとするのである。サッカーの力ではなく、少年サッカークラブのローカリティが、そこに関わる人びとをつなぎ止め、クラブの持続的な経営を可能にしていると理解される。

上高野SCにおいて、一度はサッカー指導を断念した中村氏がクラブ運営に関わり始め、出井氏や宮杉氏が簡単に離れることができない理由もそこにあると考えられる。

［第8章］クラブコーチは〝資本主義の奴隷〟なのか

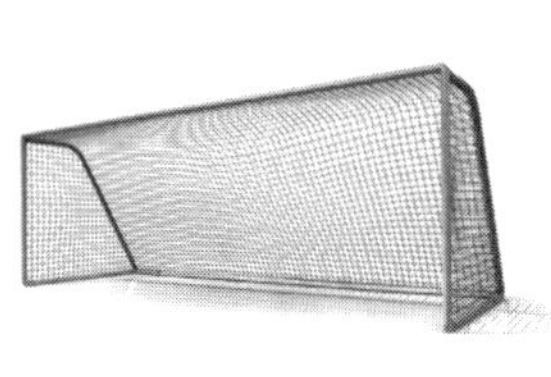

フレデリック・ロルドン［2012］は、「情念の作用は感情を生産する構造を生産する」という。サッカーのある生活を全うしようとする少年サッカークラブの指導者の情念は、自らの生活のすべてをサッカーにささげる感情を生産する構造を、生産するのであろうか。そして、彼らを〝資本主義の奴隷〟と呼べるのであろうか。

本書の最後として、ここまで取り上げてきた九つの事例を振り返り、その運営実践の論理を紐解き、少年サッカークラブの指導者として生きることの可能性と限界について検討する。新自由主義的な駆動力に拍車がかかるサッカー界を生き抜く方法に、迫ってみたいと思う。

1　少年サッカークラブの運営実践の論理

――競争主義と現場主義

第2章で取り上げたソレッソ熊本は、まさしく「競争社会」の中にその存在価値を求めるクラブである。代表の広川氏はクラブの魅力を、独自の「サッカースタイル」ではなく、競争主義という「活動スタイル」に見出そうとする。近年ソレッソは、隣県の鹿児島や宮崎にフランチャイズクラブを立ち上げ、「サッカーで飯を食う」指導者たちの支援を行っている。熊本で培ったノウハウと人脈を活かしながら、若い指導者たちがサッカー指導に携わり生活できる仕組みを模索している。もちろんすぐにサッカー指導の収入のみで生活できるわけではない。当初はサッカー指導以外の収入源を確保しつつ、クラブからの収入のみで生活するために必要な取り組みを編み出していくのである。指導者を目指す若者たちへ、会員数目標や経費削減など机上の「経営計画」のノウハウを伝授することはない。実践の現場で情報を仕入れ対応する「現場主義」に基づき、家族や地域との関係など現実的な条件を組み込んだアドバイスを送る。選手育成に関しては、子どもたちに「夢」を追わせるのではなく、結果や勝利は素質や運に左右されることを冷静に受け止め、「競争」の楽しさを経験させようとする。「やってみながら考える」ことを前提とし、さまざまな条件の変化に柔軟に対応し、クラブを運営してきたのである。

――地域社会に根を張る

第3章の若葉SCは、典型的な地域の少年スポーツクラブである。地域のボランティアコーチと保護者、さらにお父さんコーチが協力して、クラブの運営を行っている。概ね小学校区をエリアとするため、集合団地の建設や高齢化など、そのときの社会状況に応じて、クラブ員数やスタッフが増減する。そのようななか、荒井氏、渡辺氏のようなクラブの歴史となる人物の存在がクラブ運営にとって重要な意味を持つ。若葉地区は世田谷区に隣接する地域でありながら、今も農業を営む世帯がある混住化地域である。大型マンションの建設などもあり、流動化の激しい地域でもある。渡辺氏は転勤で東京に住むことになり、大好きな若葉地区に一軒家を立て若葉SCの指導を続けてきた。そして、サッカーの指導だけでなく、スポーツ推進委員など地域の役員を歴任してきた。荒井氏は大学時代から若葉地区に住み続け、アルバイトや若葉SCの関係者に職を斡旋してもらいながら、一人暮らしを続けてきた。氏は、「若葉」が好きな人と一緒に子どもたちに指導したいと話す。今では、両氏の教え子の子どもたちも数多く在籍し、親子で役員を経験するなど、継時的な「縦」のつながりを確認することができる。一方で、若葉SCが地域で活動していくためには、他の地域団体や組織との協力や連携（ときには軋轢）を避けることはできない。そのような日常的なやり取りを通して、地域的・空間的な「横」のつながりが構築されている。この地域社会の「縦」と「横」の関係性の中で若葉SCは運営されているのであり、そのつながりの結び目になっているのが渡辺氏と荒井氏なのである。若葉SCは地域の関係性の網の目の中で安定した社会関係を築き上げることによって、五〇年もの間、活動を続けることができたといえるであろう。

――目前の課題をクリアし、身近な資源を活用する

第4章では、少年サッカークラブのコーチとして「飯を食う」ということをテーマに三つのクラブを取り上げた。誤解を恐れずに言えば、少年サッカークラブの運営は「儲からない」。大手資本の参入もなく、職業指導者として定着することが難しい。そのため流動性が高く、比較的若い指導者が多い。会費収入を基本的収入源とするため、会員数が指導者たちの経済的生活を支える目安となる。しかし、スポーツ指導という特性上、指導者一人当たりの子どもの数が増えると、質の低下や会員の満足度の低下を招きかねない。また多くのサッカー指導者は、自身のサッカー観や指導理念によって差別化を図ろうとするため、「薄利多売」「大量生産」的なクラブ運営はなじまない。三つのクラブでは、そのような状況を乗り越えるため、目の前にある課題を一つずつクリアし、場当たり的ではあるが使える「資源」を活用することでクラブ運営を可能にしてきた。もちろんそれは、指導者たちの経済的生活が豊かになるというレベルではなく、サッカー指導者として「そこそこ」食べていけるということである。

老舗の少年サッカークラブであるブレイズ熊本は、親会社の倒産で経営困難に直面したが、定着したネームバリューやOBコーチの活用、有名クラブへの指導者派遣などで乗り越えてきた。その際、代表の野元氏は選手および指導者としての活動で築き上げてきた地元の「サッカー人脈」の中に「資源」を見

出してきた。このことはアスフィーダ熊本の松岡氏も同様である。当初は元プロサッカー選手という肩書を利用しながらも、その限界の中で高校時代の恩師を中心とした「サッカー人脈」を活用し、活動エリアの拡大を図っている。このような「サッカー人脈」に連なる人びとは、サッカー(の指導)か生活かという二者択一ではなく、サッカー(の指導)をしながらいかに生活するかを考える。そのため、長期的・経営的視点に立ったクラブ運営ではなく、身近にある資源を短期的・ブリコラージュ的に利用するという方法を取る(取らざるを得ない)のである。しかし、彼らは決して悲観的ではない。むしろ、そのような創意工夫が求められる「サッカーのある生活」を楽しんでいるように見受けられる。

一方、サッカー指導だけで「飯を食う」ことを断念し、他の仕事をしながらサッカー指導を副業とすることで、指導者としての生活を維持してきたのがバッサーレ阿蘇の河津氏である。野元氏や松岡氏のように活用できる「サッカー人脈」が存在しない代わり、生まれ育った「地域の人脈」を利用することで、クラブ運営が可能な職場を次から次へと渡り歩いてきたのである。「小国の田舎」という「地域性」に大きく制限されながらも、限定された範域であるからこそ彼の活動は地域の人たちに認知され、それを支援する人たちが現れてきたのである。

――クラブ経営の安定化

同じようにサッカーで「飯を食う」ために地元に自らのクラブを立ち上げたのがＤＵＲＯ調布の大嶋氏

である。氏は、有名クラブの〝雇われコーチ〟から「地元で自分のクラブを作る」という立場を選んだのである。その活動はまだスタートしたばかりであるが、DURO調布のまわりにはさまざまな「応援団」が現れている。大嶋氏は、子どもたちにサッカーの場面だけでなく、日常的な行動においても、どのようなプレーや行動がその場に適しているのかを子どもたちに問いかける。自分がやりたいプレーや行動は、周囲の状況に適したものでなければ意味がないというのである。このような相対的に自立していることを自覚するという感覚は、大嶋氏のクラブ経営にも反映されている。一見カネにはならないフットサル教室やレディースフットサル、W地区の学校開放委員会など地域での実践は、経済的原理に飲み込まれることなく、クラブ経営の安定化に寄与する可能性を持つ。孤立したクラブ経営は、経済的原理にさらされ、そこで働くコーチの生活にも不安定さと先行きの不透明さをもたらすことを、〝雇われコーチ〟時代の「モノ扱い」された経験から学んだのである。そして、そのような実践には、自分が生まれ育った調布市、W地区という「地元」が必要だったのである。

―家族の共同性を基盤とする

第6章で取り上げた サクラユナイテッド FC（SFC）の櫻田真平氏は、サッカー一家に生まれ、プロサッカー選手として活躍後、女子サッカー界のエリート選手であった未来さんと結婚し、少年サッカークラブの代表となった。現在、父親が創設した地域クラブを商業的なクラブへとリニューアルスタートさせたばかりである。高校サッカーそして少年サッカーの指導者として活躍した父秀夫氏、プロサッカー選手から少年サッカーの指導者になった真平氏、日本のトップレベルでプレーし夫真平氏とともに少年サッカーの指導者になった未来さん、それぞれの「サッカーのある生活」はまさしく「家族」に支えられてきた。寝屋川SCからSFCへと移行する際には、親子で意見の衝突もあったが、今では、親戚も含めた櫻田家の「家族経営」によって、安定したクラブ経営が可能となっている。「家族経営」の強みは、日常のコミュニケーション、労働調達、継承、家計、地域とのつながりの五つの柔軟性にあるといわれる。その柔軟性を支えるのは共同体の原型としての「家族」である。櫻田家ではクラブ経営や指導法について日常的に会話が繰り広げられ、人手が足りないところでお互いに助け合うことで、三五年続いた寝屋川SCの活動をSFCへと継承することが可能になった。そのような家族の共同性を基盤にして、SFCの運営は成り立っているのである。

——日常の活動で人びとをつなぐ

第7章では、シンガポールの日本人コミュニティでなぜグローバル・フットボール・アカデミー（GFA）が支持されていったのかという点に着目して議論を進めてきた。GFAでは、少年サッカークラブとしてのサッカー指導サービスの提供という経済的関係だけでなく、日常的な関係性を形成することにより、日本人コミュニティに「存在」すること自体に意味を持つようになった。GFAに関わる会員家族、スポンサー、サッカー関係者は当然のようにその活動を持続させようとするのである。特に、会員の大半である駐在員家族にとっては「期間限定」の所属であり、将来的に日本に帰ることが前提となっているために、より熱心に関わろうとする。GFAの活動を通して実感する「日本的なもの」という共有された価値観を確認する場として、そして子どもたちにそれを伝える場として「存在」しているのである。そのような関係のあり方は、上高野SCだけではなく、日本の多くの地域にある少年サッカークラブでも確認することができる。中村氏は、グローバルなサッカーの力により人びとをつなぐのではなく、クラブ内外での日常的な活動を通して「小さな共同体」的な空間を作り上げてきたのである。

――上昇・拡大から持続・定常化へ

本書では、少年サッカークラブの運営や指導に携わりながら生活する人びとに焦点をあて、彼らのクラブ運営実践の論理について検討してきた。指導者として生計を立てる者、副業や他の職との兼業で指導にあたる者、ボランティアとして関わる者など、クラブ経営における立ち位置はさまざまであった。当然、その立ち位置により、クラブ運営に関わる考え方や方針は異なっている。激しい競争を伴うサッカー界のピラミッド構造の中で存続していくためには、他のクラブとの差異化が求められる。それはクラブの「拡大」や経営的な利潤獲得という側面からみた場合には、重要な運営論理といえるであろう。しかし、そもそも「儲からない」少年サッカークラブの運営には、大きな資本が入ることもなく、経営的な

図　少年サッカークラブを取り巻く共同性

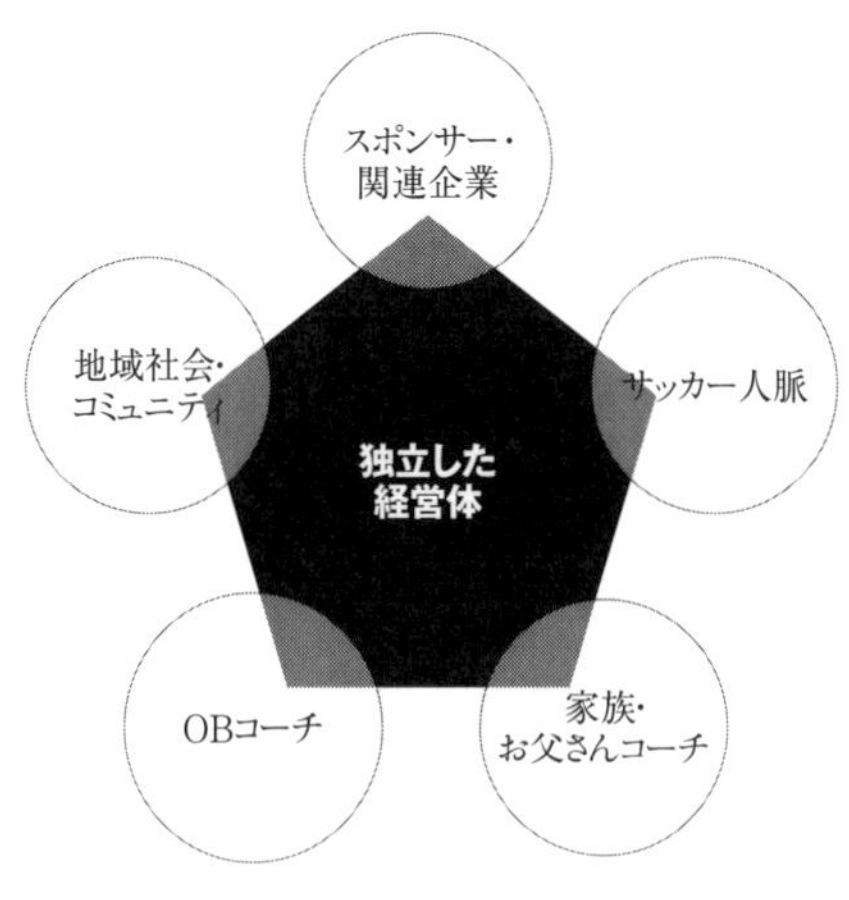

利潤を期待することは難しい。つまり、少年サッカークラブの運営では「拡大」の論理ではなく、細々でも「持続」することが重要になる。いかにクラブを「持続」させるかという視点でみると、立場の異なるクラブであってもそれらを貫く運営論理が見えてくる。

少年サッカークラブも基本的には独立した経営体である。会員を増やし、売り上げや戦績を向上させることで経営の拡大を図ろうとする。しかし、本書で明らかになったことは、それだけではなくクラブ内外の活動を通して複数の「共同的な関係性」を確保することで、持続的な経営が可能になっているということである。それは、図に示すような「サッカー人脈」「スポンサー・関連企業」「地域社会・コミュニティ」「ＯＢコーチ」「家族・お父さんコーチ」など複数の場面で紡がれる共同的な関係のことである。

——共同性による定常化

もちろん、すべてのクラブが同じような「共同的な関係」を有しているわけではない。クラブの置かれた社会的・地域的状況やクラブの種類（商業的クラブかスポーツ少年団かなど）によって、それぞれの「共同的な関係」の有無・強弱は異なる。例えば、Jリーグのクラブであれば、「サッカー人脈」「スポンサー・関連企業」に加え、「地域社会・コミュニティ」における「共同的な関係」を確保することで、経営の安定が図られるであろう。それらは少年サッカークラブにも求められることであるが、それに加え「ＯＢコーチ」「家族・お父さんコーチ」との「共同的な関係」は世代継承を可能にするであろう。さらに「地域社会・コミュニティ」における綿密な「共同的な関係」は地域的な相互作用を生み出し、安定的な経営を可能にすると考えられる。

このように、持続的な少年サッカークラブの運営には、個別具体的な活動を通して構築される多層的で緩やかな「共同的な関係」を確保することが重要となる。それを、「共同性によるクラブの定常化」と呼ぶこととしたい。広井良典[2001]は、これからの社会は「成長・拡大」から「成熟・定常」の時代へと変化するとし、経済的発展を第一としない「定常型社会」を構想する。「定常化」に移るときに〝文化的創造〟とも言うべき非常に大きな意識変化が起きると述べている。少年サッカークラブや指導者のまわりにある日常的な社会関係で紡がれる共同性による定常化は、新たな「クラブ文化」の想像をもたらす可能性がある。

2―抵抗としての「共同性」

では、新自由主義的な駆動力に拍車がかかるサッカー界において、この「共同性によるクラブの定常化」はどのような意味を持つのであろうか。

新自由主義的様式の浸透については、前述のロルドン[2012]以外にも、デヴィッド・ハーヴェイ[2007]が「要するに新自由主義は言説様式として支配的なものとなった」のであり、「われわれの多くが世界を解釈し生活し理解する常識に一体化してしまうほど、思考様式に深く浸透している」と述べている。また、ウェンディ・ブラウン[2017]も、新自由主義がラディカルな民主主義を含め「民主主義のもろもろの原則、実践、文化、主体、制度に攻撃を仕掛けている」と指摘する。そのような強力な力に対して、ハーヴェイやクリスチャン・ラヴァル[2015]は、搾取される隷属者を開放するために理論的な相対化を図り、運動論的な「抵抗」を実践していくことが重要であるという。ロルドンも、現実的な解決として「抵抗運動」「抗議運動」を指向し、その集団化の原動力として、共通の経験や共通の情動の意義を強調する。氏は、「レコミュニスム(共通のもの主義)」という新しい共産主義のあり方を主張し、現代資本主義からの脱出口を「貢献の脱序列化」に見出そうとするのである。確かに集団的な力の結集によって社会の変革を目指すことも、一つの手であろう[後藤 2020b]。

しかし、日常の生活に追われている者たちが、集団的な力を結集し抵抗運動を繰り広げることが現実的なのであろうか。加えて、少年サッカークラブの指導者たちの充実感や、サッカーのある生活への満足感を、どのように理解すればよいのであろうか。筆者は、日常のサッカー指導やクラブ運営において「共同」する体験が、指導者たちへ充実感をもたらし、一方では、新自由主義的競争社会における防波堤となる可能性を持つのではないかと考える。事例から汲み取ることのできる「共同性」は、どちらかというと指導者たちの日々の暮らしの中にある局地的な営みにとどまるものであり、ロルドンが「集団化の原動力としての共通の経験や共通の情動」とは異なるものである。

——防波堤となりうる「小さな共同体」

ここで、前章で触れた内山［2010］の「小さな共同体」に再度注目してみたい。内山は、共同体とは「共有された世界をもっている結合であり、存在の在り方」であり、「共有されたものを持っているから理由を問うことなく守ろうとする。あるいは持続させようとする。こういう理由があるから持続させるのではなく、当然のように持続の意思が働くのである」としている。例えば、シンガポールのGFAは、子どもの参加をきっかけに家族が加わり、さまざまな共同的な体験をすることで、日本人コミュニティにおいて「当然あるもの」として存在してきた。大資本の「アーセナル」や「アルビレックス新潟シンガポール」と真っ向から対立することなく、持続することを可能にしてきたのである。一見、競争主義の中で戦い続けているように見受けられるソレッソ熊本も、価値観を共有する「ＯＢコーチ」や「サッカー人脈」との共同的な活動を通して、共に持続するクラブ運営を模索している。

このような「共同性」は、社会全体を変革するような大きな集団化ではなく、社会全体に承認されるようなスポーツの公共性を表すものでもない。部分的で個別的なレベルでの共同の体験である。新自由主義的様相を呈するサッカー界に真っ向から抗するものではないが、サッカーのある生活を維持する「小さな共同体」を形成することで、新自由主義的な大きな流れに回収されない世界を作り上げることを可能にしているのではなかろうか。

――ローカルとナショナル

ここで、「共同性」が大きな「力」にどう向き合うのかということに関して金明美〔2009〕の研究を参照しておきたい。金は、日韓の少年サッカークラブへのフィールドワークを通して、ローカリティ形成過程とナショナリティ文脈の相互作用について検討した。〝お当番〟や〝車出し〟など積極的なクラブ（集団）への関わりについて、「集団への参加や協力を暗黙の裡とするものが働いており、個人的な利の追求はあっても他者との協力、『コミュニケーション』のための論理が最低限維持されている」と指摘している。この論理を「相互扶助の精神」としたうえで、「利だけでは許されない相互扶助の精神を踏まえた相互行為の手続きが踏まれる場として現在も維持されていること、そしてこのような『ローカルな感覚』を持って親たちは『任意』団体であるサッカー少年団の場に参加している」と考察している。本書で取り上げた「共同性」の根底にも、さまざまな個人の利が存在しているであろう。しかし、注目すべきは、「集団化或いはローカルな共同化の契機を持ち込む余地もあり、その中で、人々はローカルな原理を細々ながらも維持させてきた」という事実であろう。

一方で、金はこの「ローカルの感覚」は、「ナショナル」な教育言説が求める「集団の和」や類似のマスコミ言説にすり替えられてしまう可能性が高いと危惧する。本書で言えば、少年サッカークラブで繰り広げられる「共同性」も、サッカー界が作り出す資本主義的競争の論理に組み込まれ、利用されるということであろう。金はその理由について、「個人主義化が進み、学校の論理も形骸化していっている現在、ローカルな原理は消滅の途」にあり、「近年の少年団におけるクラブ化の動きに見られる新たなナショナルな論理の再編プロセスは、従来の学校の論理を解消しようとするものであり、それはそこに孕まれていたローカルな原理を完全に無化にさせていくことにもなろう」というのである。確かに、金が言うように「社会的な上昇志向を自ずと一定の『ナショナル』の方向にのみ限定させてしまう」可能性はある。ところが、本書で確認したさまざまな共同的な活動は、上昇・拡大志向に限定されない「定常化」を志向するものであったと理解される。ソレッソの広川氏やブレイズの野元氏が率直に「食べていくことは難しい」と言うように、そしてバッサーレの河津氏やGFAの中村氏がクラブとの関わり方を変えたように、彼らは少年サッカークラブの運営の「限界」を自覚しているのである。自覚しながら、その持続可能性を求め、さまざまな共同的な活動を展開しているのである。この「定常化」を志向した「共同性」のもとで運営されるクラブは、簡単には「消えない」のである。そのことは、五〇年近く持続してきた若葉SCや上高野SC、さらに農山村でどうにか活動を続けているバッサーレ阿蘇が証明しているのではなかろうか。

3―「サッカーのある生活」を全うする

最後に、少年サッカークラブの指導者としての生活について検討してみたいと思う。

多くの指導者は幼少期からサッカーに携わり、「サッカーのある生活」を延長させてきた。その生活は経済的に決して豊かなものとはいえず、指導者たちは「サッカーで飯を食う」ことの限界を自覚しているのであった。その様相は、まさしく「サッカーのある生活」という生活条件の中で、「生きる(生産)」と「充実して生きる」をどうにかして両立させようと模索しているものと理解される。本書の事例から分かることは、そのどちらかが土台になる、あるいは、必要条件になるということではない。彼らにとっては、そのバランスに差異はあるものの、どちらも欠くことができないものなのである。それを支えているのが、「共同性によるクラブの定常化」なのである。なぜ、そのようなクラブのあり方が彼らの生活を支えることになるのであろうか。本書の最後にそのことを検討し、少年サッカークラブの指導者の生活の可能性と限界について触れておきたい。

山本大策[2020]は、松村和則の生活論とJ・K・ギブソン＝グラハムの「多様な経済」論の類似性について検討する中で、ギブソン＝グラハムがとらえる「経済」には、ボランティア活動、相互扶助、家政、自給自足など、市場経済からは遠いさまざまな活動が含まれるという。そして、それらの活動を通して発せられる言葉や感情の奥に、主体性の再形成の契機を見出そうとする。

少年サッカークラブの運営は、指導者たちにとっては「賃金」を得る経済活動であるが、一方では、さまざまな社会関係を通して達成される活動でもある。広川氏は「俺みたいに運のいい奴がいるか分からない。たまたま、無料でグランドが使えて、たまたま周りに支えてくれるスタッフ・学生バイトがいるとしたら、そして協力的な保護者がいたら、それは（少年サッカークラブの経営は）できる」［カッコ内は筆者］という。常に勝利や利益が求められる構造的圧力の中で、あくまでも「競争主義的活動スタイル」で「現場主義」を貫く広川氏の実践は、ある意味、対症療法的な取り組みかもしれない。クラブや自らの将来を見据えて計画的・理論的にソレッソ運営にあたってきたわけではない。広川氏自身はそれを「運」というが、「いま」「ここで」できることを共同的に実践してきたと理解される。このことは、ソレッソ熊本だけでなく、本書で取り上げたどの事例でも確認されることである。いずれの事例も成功と失敗を経験することでしか得られない経験的な知識を重視し、局所的で極めて実践的な取り組みを繰り返すことで、「安定化」が図られている。そのようなクラブ経営の「安定化」があるからこそ、コーチとしての生活を維持することが可能になっているのである。

サッカーを指導することで対価を得るという「経済」活動に焦点化した場合、少年サッカークラブの指導者たちは、新自由主義の隷属者として捉えられるであろう。また、経済的な発展論から捉えた場合、あるいは、スポーツの世界で喧伝される華々しい生活という点においては、少年サッカークラブの指導者たちの生活には「限界」がある。しかし、彼らは、スポーツ特有の「競争」という生活条件の中に自らを没入させることで、サッカーとともに生きる世界を実感し、現場で得た知識と経験をもとに多様な活動を主体的に維持させているのである。この点において、彼らは決して隷属者ではなく、主体的に「サッカーのある生活」を維持しているのであり、それを支えるのがその場その時に紡がれる「共同性」なのである。

第5章でふれた徳野貞雄[2011]は、グローバル化に対抗して自分たちの農業・農村の持続性を可能にし、〝農〟的生活の魅力を楽しんでいる農業者自身の実践と方法に学べと主張した。それに倣うならば、競争主義に晒されながらもコーチとして「サッカーのある生活」を維持する実践と方法を、本書の事例は示すことができたのではないかと思う。

あとがき

スポーツ界では、Jリーグ開幕の後、Bリーグ（バスケットボール）、Vリーグ（バレーボール）、Tリーグ（卓球）など多くのトップリーグが誕生した。オリンピック・パラリンピックのメダル争いもそうであるが、スポーツ界では常にピラミッド構造のトップに注目が集まってきた。しかし、選手や指導者のすべてがアップストリームを志向するわけではない。ピラミッド構造の「底辺」に位置づきながら、本書の指導者たちのように「サッカーのある生活」をどうにか維持しようとしている人びともいる。この当たり前ともいえる「事実」が見逃されてきたように思う。

二〇二一年九月には、女子サッカーリーグ「WEリーグ」も開幕する。二〇一一年のFIFA女子ワールドカップ優勝を機に、女子サッカー選手の待遇面に注目が集まり、その改善が求められるようになった。「WEリーグ」創設もその一環であるが、現在のトップリーグ「なでしこリーグ」に所属する選手の中には、あえて「プロ」を選ばない選手もいる。私たちは、このような「事実」を通して、上昇・拡大とは異なる生活とスポーツの〝豊かな〟関係のあり方を学ぶことができるのではなかろうか。

二〇二〇年一月に国内初の新型コロナウイルスの感染者が確認され、一年以上が過ぎようとしている。この一年、事例として取り上げたクラブでも活動が制限されてきた。しかし、子どもたちの、そして、コーチたち自身の「サッカーのある生活」を維持するために、彼らはさまざまな工夫をこらし活動を継続してきた。残念ながら本書では、その取り組みについて紹介することができなかったが、彼らは「今できること」「目の前にあること」に向き合うことでこの難局を乗り越えようとしていた。本書は、言うまでもなく、事例として取り上げた九つのクラブとその指導者たちの協力がなければ書き上げることができなかった。クラブの貴重な情報だけでなく、プライベートなことまで提供してくださり、この場を借りて改めてお礼を申し上げたい。本当にありがとうございました。

また、本書の制作にあたっては、道和書院の片桐文子社長に大変お世話になった。学術書として書くのか、読み物として書くのか、大いに悩みながら執筆してきた。最終的には、サッカーに関わる多くの人たちに手に取ってもらえるようにと改稿を重ねたが、その際、片桐社長からは貴重なアドバイスを頂いた。道和書院からは、『地域生活からみたスポーツの可能性――暮らしとスポーツの社会学』に続き、二度目の単著出版となる。厳しい出版情勢にもかかわらず造本頂いたこと、またそれ以上に、「共に創る」というスタンスでご助言頂いたことに深く感謝申し上げる。

筆者はこれまで「生活」や「地域」からスポーツを捉えなおす研究に取り組んできた。本書のベースにもそれがある。「生活論」へと導いてくださった松村和則筑波大学名誉教授、農村・農民の暮らしの研究の師匠でもある徳野貞雄熊本大学名誉教授に感謝を申し上げ、引き続きご指導をお願いしたい。また、共に東南アジアの日本人プロサッカー選手の調査を行った前田和司教授（北海道教育大学）、大沼義彦教授（日本女子大学）、甲斐健人教授（東北大学）、金明美教授（静岡大学）、石岡丈昇教授（日本大学）、村田周祐教授（鳥取大学）、伊藤恵造准教授（秋田大学）の「生活とスポーツ」研究会の方々にもお礼を述べたい。東南アジアでの調査がなければ本書を書き上げることはできなかったと思う。

私自身、一〇歳からボールを蹴り始め四五年が経つ。選手として指導者として多くのサッカー関係者にお世話になった。今も、地域には「サッカー仲間」がおり、子どもたちと一緒にボールを蹴っている。多くの「サッカー仲間」に本書を手に取ってもらいたいと願っている。

最後に、私事にわたり申し訳ないが、研究生活を（サッカー生活も）支えてくれた家族に感謝する。息子俊太郎も、筆者に付き合い「サッカーのある生活」を続けてくれた。これからも傍らにサッカーボールがあることを願う。

二〇二一年春　梅ヶ丘の研究室にて

後藤貴浩

付記

本書で取り扱う事例については、以下の期間に参与観察及び聞き取り調査を行った。実名表記の了承を得た指導者については実名を記し、その他の指導者や関係者については、イニシャル表記として匿名化した。文章に表記された年齢はすべて調査時のものである。

ソレッソ熊本サッカークラブ	:2006年4月〜2021年1月
若葉サッカークラブ	:2015年4月〜2021年1月
ブレイズ熊本サッカークラブ	:2018年10月〜11月
アスフィーダ熊本サッカークラブ	:2018年10月〜11月
バッサーレ阿蘇	:2015年6月〜2018年11月
DURO調布サッカークラブ	:2018年4月〜2021年1月
SAKURA UNITED FC	:2020年1月〜2021年1月
シンガポールGFA	:2013年6月〜2019年2月
上高野少年サッカークラブ	:2019年2月〜2020年9月

各章の初出ならびに一部引用した拙論は以下のとおりである。

［**第1章・第2章**］後藤貴浩、2020、「少年サッカークラブ指導者のサブジェクション」『国士舘大学文学部教育学論叢』37: 23-44.

［**第3章**］後藤貴浩、2018、「地域スポーツ研究再考——到達点と課題」『国士舘人文学』50: 11-22.

［**第4章**］後藤貴浩、2019、「少年サッカークラブの運営と指導者の暮らし」『国士舘大学文学部教育学論叢』36: 1-22.

［**第6章**］後藤貴浩、2019、「シンガポールで『プロサッカー選手になった若者たち——『労働としてのサッカー』と『生き方としてのサッカー』」、大沼義彦・甲斐健人 編『サッカーのある風景——場と開発、人と移動の社会学』晃洋書房: 144-173.

［**第7章**］後藤貴浩、2021、「少年サッカークラブのローカリティ」『国士舘大学文学部教育学論叢』38: 1-18.

［**第8章**］後藤貴浩、2020、「公共施設の市場化と生活化——市場化の内側からの変革の可能性」『白いスタジアムと「生活の論理」——スポーツ化する社会への警鐘』東北大学出版会

本書の調査は、JSPS科研費24300217、JSPS科研費16H03228 及び JSPS科研費18K10859 の助成を受けて行われた。

・金明美、2019、「スポーツ実践を介して形成されるトランスナショナルなコミュニティ——在シンガポール日本人『サッカー移民』が運営するクラブ活動の場に関する事例考察より」『移民研究年報』25: 27-44.
・公益財団法人日本サッカー協会、2015、『JFA 中期計画2015-2022』公益財団日本サッカー協会
・厨義弘、1977、「地域社会とスポーツ」、平澤薫・粂野豊 編『生涯スポーツ——幼児・児童・青年・成人・高齢者のための』プレスギムナスチカ
・松村和則・前田和司・石岡丈昇 編、2020、『白いスタジアムと「生活の論理」——スポーツ化する社会への警鐘』東北大学出版会
・松下冽、2019a、「新自由主義型グローバル化と岐路に立つ民主主義（上）——新自由主義の暴力的表層と深層」『立命館国際研究』31 (3) : 111-139.
・松下冽、2019b、「新自由主義型グローバル化と岐路に立つ民主主義（下）——新自由主義の暴力的表層と深層」『立命館国際研究』32 (1) : 115−144.
・水上博司・黒須充、2016、「総合型地域スポーツクラブの中間支援ネットワークNPOが創出した公共圏」『体育学研究』61: 555−574.
・村田周祐、2019、「日本とアジアを結ぶサッカーの新たなダイナミズム——一時的滞在社会に浮かぶサッカークラブGFA」大沼義彦・甲斐健人 編『サッカーのある風景——場と開発、人と移動の社会学』晃洋書房
・岡田千あき、2014、『サッカーボールひとつで社会を変える——スポーツを通じた社会開発の現場から』大阪大学出版会
・作野誠一、2000、「コミュニティ型スポーツクラブの形成過程に関する研究——社会運動論からみたクラブ組織化の比較」『体育学研究』45: 360-376.
・鈴木広、1986、『都市化の研究』恒星社厚生閣
・徳野貞雄、2007、『農村の幸せ、都会の幸せ 家族・食・暮らし』日本放送出版協会
・徳野貞雄、2011、『生活農業論——現代日本のヒトと「食と農」』学文社
・鳥越皓之、2020、「生活論とは何か——社会学・民俗学の立場から」松村和則・前田和司・石岡丈昇 編『白いスタジアムと「生活の論理」』東北大学出版会
・ウェンディ・ブラウン（中井亜佐子 訳）、2017、『いかにして民主主義は失われていくのか——新自由主義の見えざる攻撃』みすず書房
・内山節、2010、『共同体の基礎理論』農山漁村文化協会
・山本大策、2020、「生活論と『多様な経済』論の狭間で」、松村和則・前田和司・石岡丈昇 編『白いスタジアムと「生活の論理」——スポーツ化する社会への警鐘』東北大学出版会

文献

・クリスチャン・ラヴァル(菊地昌実 訳)、2015、『経済人間——ネオリベラリズムの根底』新評論
・デヴィッド・ハーヴェイ(渡辺治 監訳 森田成也・木下ちがや・大屋定晴・中村好孝 訳)、2007、『新自由主義——その歴史的展開と現在』作品社
・フレデリック・ロルドン(杉村昌昭 訳)、2012、『なぜ私たちは、喜んで"資本主義の奴隷"になるのか?——新自由主義社会における欲望と隷属』作品社
・後藤貴浩、2011、「地域スポーツ振興政策を問い直す——生活農業論を手がかりに」『熊本大学教育学部紀要人文科学』60: 175-184.
・後藤貴浩、2018a、「サッカーのある生活とその維持——カンボジア王国における日本人サッカー移民を事例に」『AJ Journal』13: 33-47.
・後藤貴浩、2018b、「地域スポーツ研究再考——到達点と課題」『国士舘人文学』50: 11-22.
・後藤貴浩、2019a、「日本人サッカー選手の移動プロセスに関する研究——シンガポールを中心に」『国士舘大学教育学論叢』36: 23-42.
・後藤貴浩、2019b、「シンガポールで『プロサッカー選手』となった若者たち——『労働としてのサッカー』と『生き方としてのサッカー』」大沼義彦・甲斐健人 編『サッカーのある風景——場と開発、人と移動の社会学』晃洋書房
・後藤貴浩、2020a、「日本人サッカー選手の海外移籍と『現地エージェント』」『国士舘大学文学部教育学論叢』37: 1-22.
・後藤貴浩、2020b、「公共施設の市場化と生活化——市場化の内側からの変革の可能性」松村和則・前田和司・石岡丈昇 編『白いスタジアムと「生活の論理」——スポーツ化する社会への警鐘』東北大学出版会
・広井良典、2021、『定常型社会——新しい「豊かさ」の構想』岩波新書
・石原豊一、2015、『もうひとつのプロ野球——若者を誘引する「プロスポーツ」という装置』白水社
・J・リーヴァー (亀山佳明・西山けい子 訳)、1996、『サッカー狂の社会学——ブラジルの社会とスポーツ』世界思想社
・金沢夏樹・松木洋一・木村信男 編、2003、『家族農業経営の底力』農林統計協会
・菊幸一、2001、「体育社会学からみた体育・スポーツの『公共性』をめぐるビジョン」『体育の科学』51 (1) : 25-29.
・菊幸一、2013、「スポーツにおける『新しい公共』の原点と可能性」日本スポーツ社会学会 編『二一世紀のスポーツ社会学』創文企画
・金明美、2009、『サッカーからみる日韓のナショナリティとローカリティ——地域スポーツ実践の場への文化人類学的アプローチ』お茶の水書房

著者
後藤貴浩
Takahiro Goto
国士舘大学文学部教授
熊本県熊本市出身、博士（公共政策学）、専門領域「スポーツ社会学」「地域社会学」

［主な研究業績］
・単書『地域生活からみたスポーツの可能性――暮らしとスポーツの社会学』道和書院、二〇一四
・共著『サッカーのある風景――場と開発、人と移動の社会学』晃洋書房、二〇一九
・共著『白いスタジアムと「生活の論理」――スポーツ化する社会への警鐘』東北大学出版会、二〇二〇

［競技・指導歴］
・総理大臣杯全日本大学サッカートーナメント出場
・九州学生選抜
・全国社会人サッカー選手権大会ベスト8
・熊本学園大学付属高校サッカー部監督（全国高校サッカー選手権大会ベスト8）

サッカーピラミッドの底辺から

少年サッカークラブのリアル

二〇二一年（令和三年）六月二五日　初版第一刷発行

著者　後藤貴浩

発行者　片桐文子

発行所　株式会社道和書院

東京都小金井市前原町二－一二－一三　〒一八四－〇〇一三

電話　〇四二－三一六－七八六六　FAX　〇四二－三八二－七二七九

http://www.douwashoin.com/

デザイン　高木達樹

印刷・製本　大盛印刷株式会社

Printed in Japan, Douwashoin Co., Ltd

ISBN 978-4-8105-2139-9 C0036

定価はカバー等に表示してあります

地域生活からみたスポーツの可能性
暮らしとスポーツの社会学

後藤貴浩 著

スポーツの拡大・拡散を目指す地域スポーツ振興政策・研究のかげで地域の人々の生活とスポーツの関係はどう変化し、変化しなかったのか。様々な事例を挙げて、現場から見たこれからの地域スポーツの可能性を語る。

四六判 二四八頁／二、八〇〇円＋税〈電子書籍あり〉

スキー研究 100年の軌跡と展望

日本スキー学会 編／新井博、三浦哲、多田憲孝、池田耕太郎、竹田唯史、布目靖則、呉羽正昭、山根真紀 編著

スノースポーツの科学、最前線。日本にスキーが伝えられて一一〇年。スキーを愛し科学の眼で探究を重ねた先人の情熱と最新の研究成果。全8章：歴史、運動の科学、工学、医学、指導、安全、ツーリズム、中高齢者。

A5判 三四四頁／三、六〇〇円＋税

新版 スポーツの歴史と文化

新井博 編著／井上洋一、榎本雅之、及川佑介、清原泰治、楠戸一彦、後藤光将、田端真弓、都筑真、藤坂由美子、山田理恵、山脇あゆみ、吉田勝光、和田浩一 著

古代まで遡る起源から現代まで。様々な種目の誕生と変遷、欧米からの輸入と日本古来の武道、教育法の変化、戦時下のスポーツと平和への希求。政治経済社会の関わりで変容する姿を、執筆者14名が多面的に描く。

A5判 二四四頁／二、三〇〇円＋税

臨床スポーツ心理学
アスリートのメンタルサポート

中込四郎 著

アスリートとして活躍すること（現実適応：パフォーマンスの向上）と自分らしく生きること（個性化：パーソナリティの発達）。2つの課題を抱えるアスリートをサポートする方法を、事例を通して探る。

A5判 二八八頁／三、四〇〇円＋税

中学・高校 陸上競技の学習指導
「わかって・できる」指導の工夫

小木曽一之 編著／清水茂幸、串間敦郎、得居雅人、小倉幸雄、田附俊一 著

記録向上だけでなく達成感や体を動かす楽しさを味わえる学習の場を。体の動きを科学的に理解し（わかって）、適切に動ける（できる）授業展開例、各種のドリル。種目別指導法／学習の評価／他

A5判 二五六頁／二、四〇〇円＋税